DOMIAN

Wolfram Zbikowski

7
8
14

18

24

34

64

106

122
124

INHALT

Vorwort

Das Aufwachen
Der Schlaf ist für mich das absolute Heiligtum ...

Im Arbeitszimmer
Eigentlich bin ich mit der Sendung während der Woche rund um die Uhr beschäftigt ...

Das Einkaufen
In Geschäften rumzustehen ist mir ein Graus ...

Der Abend
Die Engländer pflegen ihre Tea-Time ...

Vor der Sendung
Zu meinem Sendungsvorbereitungs-Ritual gehört mein Redakteur Wolfram Zbikowski wie das Salz zum Meer ...

Die Sendung
Eine Telefon-Talkshow, so wie wir sie machen, ist für mich als Moderator die größte Herausforderung ...

Nach der Sendung
Trotz Routine und trotz der 10.000 Gespräche, die ich mittlerweile schon geführt habe, komme ich um 2 Uhr mit einem Top-Adrenalinspiegel aus dem Studio ...

Jürgens Fotoalbum

Anhang

Jürgen auf seinem Balkon

VORWORT

Meine erste Begegnung mit Jürgen Domian habe ich noch genau vor Augen. Ich hatte mich auf die Stelle des DOMIAN-Redakteurs beworben und saß ihm und unserem damaligen Chef Gerald Baars mit klopfendem Herzen gegenüber. Krampfhaft versuchte ich, mich ins rechte Licht zu rücken, und erzählte von meiner journalistischen Vergangenheit und den eigenen Erfahrungen als Talkradio-Moderator. Eines war mir sofort bewusst: Wenn du diesen Job bekommst, wirst du ganz eng mit diesem Domian zusammenarbeiten. Du wirst hier nachts kaum andere Menschen treffen. Was also wird passieren, wenn du mit diesem Mann einfach nicht auf einer Wellenlänge funkst? Was wird passieren, wenn man ständig anderer Auffassung ist?

Ich bekam den Job. Jürgen wurde zum Freund. Es gibt nichts, über das wir nicht reden können, und wir haben uns in über drei Jahren, in denen ich nun als DOMIAN-Redakteur arbeite, nicht ein einziges Mal gestritten.

Seit April 1995 moderiert Jürgen seine Telefon-Talkshow und am 18. September feiert er ein ganz besonderes Jubiläum: Die 1000. Sendung. 1000mal DOMIAN! Das bedeutet 1000 Live-Stunden und über 10.000 Interviews. Eine faszinierende Leistung. Wir haben lange zusammengesessen und überlegt, was wir unseren Fans zu diesem Jubiläum schenken könnten. Dann fiel mir ein, dass es viele Fragen gibt, die uns die Zuschauer unserer Sendung immer wieder stellen. Wie sieht eigentlich Domians Tagesablauf aus? Was genau passiert hinter den Kulissen der Sendung? Deswegen also dieses Buch. Ein Buch, das endlich alle Fragen beantwortet. Und was lag da näher, als Jürgen einen Arbeitstag auf Schritt und Tritt zu begleiten. Vom Aufstehen am Nachmittag bis zum Einschlafen am Morgen.

Die Arbeit an diesem Buch war ein großes Vergnügen. Ein besonderer Dank gilt Tim Stinauer, ohne dessen engagierte Mitarbeit dieses Buch nicht möglich gewesen wäre. Bedanken möchte ich mich auch bei Mario Nowacki, einem Computer-Techniker, der mir in den schweren Stunden eines Computer-Absturzes schnell und unbürokratisch geholfen hat, sowie natürlich bei meiner Frau Sandra und meinen Kindern Joshua und Emilia, die viele Wochen auf mich verzichten mussten. Die Arbeit hat sich gelohnt. Herausgekommen ist ein Buch über eine faszinierende Sendung – und über einen faszinierenden Menschen: Jürgen Domian.

Wolfram Zbikowski, Essen im Juni 2000

DAS AUFWACHEN

Domian: *Der Schlaf ist für mich das absolute Heiligtum. Wenn der nicht funktioniert, dann schaffe ich dieses extreme Leben nicht.*

14:03 Uhr Der erste Strahl der Nachmittagssonne bohrt sich durch die graue Jalousie. Auf dem Gerüst gegenüber von Jürgens Schlafzimmerfenster bereiten sich die vier Dachdecker schon allmählich auf ihren Feierabend vor. Für Jürgen beginnt gerade erst der Tag. Und die Nacht war wieder einmal eine Katastrophe. Seit er seine Telefon-Talkshow DOMIAN moderiert, macht ihm der tägliche Schlaf große Probleme. Acht bis neun Stunden liegt er im Bett, oft die Hälfte der Zeit wach. Ohne seine Schlafhilfe Melatonin wäre alles noch schlimmer. Dieses Präparat, ein körpereigenes Schlafhormon, ist in Deutschland nicht zugelassen. Deshalb bringen ihm Bekannte die Pillen meistens von Amerika-Reisen mit. Es gibt keine verlässlichen Langzeitstudien über die Nebenwirkungen von Melatonin. Es heißt, dass das Mittel das Immunsystem stärke. In Kombination mit anderen Substanzen könne es sogar den Alterungsprozess abbremsen. Andererseits macht es bei zu hoher Dosierung depressiv, hat Jürgen festgestellt. Der Schlaf wird dann noch schlechter. Jürgen schluckt seit vier Jahren täglich eine Viertelpille vor dem Zubettgehen. Während der zweimonatigen Sommerpause gelingt es ihm manchmal, das Medikament für eine kurze Zeit ganz abzusetzen. Im Augenblick neigt sich sein Melatonin-Vorrat gerade dem

Jürgen mit seiner Schlafhilfe. Seit vier Jahren täglich eine Viertelpille

Ende zu. Er hat noch zehn Pillen. Es muss dringend Nachschub her. Seit Jürgen einen Computer hat, versucht er, Melatonin auch per Internet im Ausland zu bestellen.

Domian: *Viele Freundschaften sind durch diesen irren Lebens-*

rhythmus schon in die Brüche gegangen. Ich kann ja nicht erwarten, dass meine Freunde und Bekannten bis nachts um drei wach bleiben, um mich zu treffen. Das ist ein ganz großes Problem. Ich bin zwar ein Mensch, der gerne alleine ist und nicht immer Leute um sich herum braucht. Aber ein paar wirkliche Freundschaften sind für mich lebensnotwendig.

Seit ich Jürgen kenne, sind unsere Schlafprobleme Gesprächsthema Nummer eins. Mir geht es ja genauso wie ihm. Auch mein Schlafrhythmus ist völlig durcheinander gewürfelt. Irgendwann hat er mir mal einige von diesen Melatonin-Pillen gegeben. Ich sollte sie ausprobieren. Und tat es auch. Aber komischerweise hatten sie bei mir nicht die geringste Wirkung. Das Schlafproblem verbindet uns, denn wir sind beide unglaublich sensible Schläfer. Die kleinste Störung des Zubettgehen-Rituals bedeutet mit hundertprozentiger Sicherheit einen schlaflosen Vormittag. Bei mir reicht es schon aus, wenn ich nicht wie gewohnt um 3:32 Uhr nach Hause komme, sondern erst um 3:53 Uhr. Ich wälze mich von einer Seite auf die andere und greife oftmals gegen 6 Uhr völlig entnervt zu einer Schlaftablette. Um 12 Uhr klingelt dann mein Wecker, und ich muss meinen Sohn vom Kindergarten abholen. Je näher die Sommerpause für die Sendung rückt, desto mehr sehnen wir uns danach. In dieser Zeit kann man versuchen, seinen Tagesablauf wenigstens mal für zwei Monate halbwegs zu normalisieren.

Die kleinen weißen Pillen sind aber nicht alles, was Jürgen zum Schlafen braucht. Erst vor kurzem hat er zum Beispiel seine perfekte Matratze gefunden: die härteste Federkernmatratze, die es gibt. Zudem auch noch eine Sonderanfertigung für sein extra großes Bett. Zwei mal zwei Meter zwanzig.
Eigentlich ist es nicht viel mehr als ein Stahlgestell mit einer dicken Matratze drauf. Und je nach Laune schläft Jürgen mal mit den Füßen Richtung Wand ein, mal Richtung Fenster. Das Bett hat kein Kopf- und kein Fußende. Dazu eine antiallergische Synthetik-Bettdecke (wegen seiner Hausstauballergie), ein stockfinsteres Schlafzimmer (dafür sorgen die Rolläden vor dem Fenster) und absolute Ruhe (Jürgen schläft nie ohne Ohrstöpsel). Und trotzdem erlebt Jürgen häufig Nächte, in

Jürgen hat sich das Bett extra anfertigen lassen.

denen er sechs Stunden lang wach liegt. Das erschwert natürlich seinen Tagesablauf: Handwerker können erst nachmittags oder frühabends ins Haus kommen. Ämter und Sparkassen sind oft schon geschlossen, wenn Jürgen aufsteht. Auch viele Ärzte haben an manchen Wochentagen nachmittags keine Sprechstunde mehr. Zahlreiche Einladungen in Talkshows hat Jürgen schon ausgeschlagen (z. B. *Fliege* und *Arabella*). Die Aufzeichnungen beginnen einfach zu früh. Mehrmals musste er schon einen Auftritt bei *liebe Sünde* ablehnen, was ihn sehr ärgert. Aber die Sendung wird um 18 Uhr in Berlin aufgezeichnet. Keine Chance: Er müsste schon gegen 14 Uhr am Kölner Flughafen sein. Da schläft er entweder noch oder kämpft gerade mit dem Wachwerden.

Domian: *Viele legen das als divenhaftes Verhalten aus, wenn ich einen Termin absage, weil ich bis 14 oder 15 Uhr schlafen will. Ich glaube, das kann nur einer verstehen, der dieses verdrehte Leben aus eigener Erfahrung kennt.*

Der Nachtmensch Domian ist ein Morgenmuffel, oder besser gesagt: ein Nachmittagsmuffel. Auf Gespräche hat er nach dem Aufstehen erstmal noch keine Lust. Dabei passt Schweigen zu Jürgen Domian eigentlich ebenso wenig wie Petersilie zum Pudding. Immerhin bringt Jürgen jede Nacht in seiner Sendung fast alles und jeden zum Reden.

Die »Espressobombe« zum Aufwachen: ein doppelter Espresso mit aufgeschäumter Milch. Jeden Tag.

14:27 Uhr Wenn Jürgen irgendwann endlich aus dem Bett gestiegen ist, geht er zuerst ins Arbeitszimmer, um den Anrufbeantworter abzuhören. Das rote Lämpchen flackert, sechs neue Nachrichten hat das Gerät irgendwann im Laufe des Vormittags aufgezeichnet. Auch auf dem Handy sind schon drei Kurzmitteilungen eingetroffen. Alle Absender und Anrufer warten auf einen Rückruf. Das fördert das unbekümmerte Wachwerden natürlich nicht unbedingt. Jürgen geht die Wendeltreppe runter in die erste Etage seiner zweigeschossigen Wohnung. Nach einer kurzen »Katzenwäsche« und Zähneputzen im Bad macht er sich in der Küche sein Müsli zurecht. Dazu einen starken Espresso.

Auf dem großen Holztisch im Wohnzimmer liegen die Zeitungen, die Jürgen sich gestern Nacht nach der Sendung gekauft hat. Zur täglichen Pflichtlektüre gehören die *Frankfurter Allgemeine Zeitung*, der *Kölner Stadt-Anzeiger* und die Kölner Boulevardzeitung *Express*. Dazu einige Zeitschriften, wie zum Beispiel *Die Woche*, der *Stern* und *Der Spiegel*. Ein Zeitungsabo hat er nicht.

Er überfliegt einige Artikel, um zunächst einmal das dringendste Informationsbedürfnis zu decken. Ausführlich liest er die Zeitungen erst am Abend durch. Nach dem Frühstück geht Jürgen in sein Badezimmer. Direkt gegenüber der Tür ist die Garderobe: Hier hängt sein Lieblings-Kleidungsstück – eine echte schwarze Zimmermann-Jacke. Außerdem die legendäre kakifarbene Kappe mit dem extra kurzen Schirm. Die hat er sich vor Jahren mal bei einem Kölner Hutmacher anfertigen lassen. Hella von Sinnen findet das Ding schrecklich. Sie nennt es immer »Jürgens räudige Fidel-Castro-Kappe«. Mittlerweile ist das gute Stück auch

Beim Frühstücken wirft Jürgen nur einen Blick auf die Schlagzeilen.

12 DAS AUFWACHEN

15:15 Uhr Jürgen startet seinen fest ritualisierten und wohl einzigartigen Badezimmer-Marathon. Während andere mit der Zahnbürste nur kurz ihr Gebiss streicheln und nebenbei vielleicht noch die Haare kämmen, zelebriert Jürgen Domian in aller Ruhe ein wahres Zahnpflege-Spektakel. Diese Angewohnheit hat er seit vielen, vielen Jahren. Und das kam so: Sein Zahnarzt hatte ihm erzählt, dass Inder weniger Probleme mit Karies haben, weil sie Zahnseide benutzen. Also probierte Jürgen das einfach mal aus.

nur noch die Nummer zwei. Eine graue Norwegermütze hat ihr den Rang abgelaufen. Seit Dezember 1999 ist sie Jürgens Lieblings-Kopfbedeckung. Als er mal die Schubladen in seinem Kleiderschrank durchsuchte, fiel sie ihm zufällig in die Hände. Dieser kleine gestrickte Kochtopf lag schon seit vielen Jahren völlig vergessen in seinem Schrank herum. Für zehn Mark hat er ihn irgendwann mal auf einem Kaufhaus-Wühltisch gefunden.

Domian: *Was habe ich zuerst rumgejammert. Ständig blieb ich mit der Zahnseide irgendwo hängen und habe mir dabei das Zahnfleisch kaputtgemacht. Und jedes Mal riss dieser kleine dünne Faden durch. Also hat mein Zahnarzt mir gezeigt, wie man es richtig macht. Der Mensch hat so viele kleine und kleinste Räume zwi-*

Damit werden die Zähne auf Hochglanz gebracht

schen den Zähnen, wo man mit Zahnseide gut hinkommt, aber nicht mit einer normalen Zahnbürste. Und genau da sammeln sich die Bakterien!

Erst eine kleine Bürste zum Vorreinigen, dann die feinen Borsten für die Zwischenräume, schließlich die gründliche Reinigung mit der elektrischen Zahnbürste und ganz am Ende Zahnseide für den letzten Schliff. Auch der hinterste Eckzahn wird sorgfältigst abgeschrubbt, keine Krone bleibt unpoliert, Karies wird nie eine Chance haben. Das ganze Schauspiel dauert stolze acht Minuten. Manchmal länger.
Auf Körperhygiene legt Jürgen allergrößten Wert. Nachdem die Zähne auf Hochglanz gebracht sind, stellt er sich unter die Dusche. Oft – vor allem im Sommer – zweimal am Tag. Das erste Mal am Nachmittag und dann noch mal abends, bevor er ins Studio fährt. An seine Haut lässt der Lauwarmduscher nur Wasser und markantes Männerduschgel.

Domian: *Sobald ich aus dem Bad komme, geht es mir besser. Ich fühle mich einfach frischer. Der Tag kann beginnen!*

Ulrich Wickert (Moderator der Tagesthemen, Buchautor) über Domian: *Die Nacht lässt andere Geister leben. Die Nacht ist für mich unweigerlich mit New York verbunden. Dort lebend habe ich, schlaflos, um drei, um vier aus meinem Fenster in die Stuben der Leute geschaut, die auch wach waren und bei Licht lasen, im Kühlschrank kramten, mit ihrer Lieblingsspinne spielten, alle allein. Die Nacht sind für mich die Bilder von Edward Hopper, besonders jenes berühmte mit jener Bar, in der die »Nighthawks« schweigend ins Gespräch vertieft an der Theke sitzen. Diese Geister leben und reden in ihrer Einsamkeit, dort ist das Dunkel spannend, weil die Nacht lebt im Gegensatz zu HIER. Und wenn ich, als Nachttier, in das schaue, was hier die Fenster gegenüber sein könnten, nämlich die Glotze mit Domian, dann erlebe ich diese Geister, die sich unterhalten, und zwar über Dinge, die man bei Licht in sich verkapseln würde. Domian ist für mich jede Nacht gelebte moderne Literatur.*

IM ARBEITSZIMMER

Domian: *Eigentlich bin ich mit der Sendung während der Woche rund um die Uhr beschäftigt. Ich gehe mit ihr schlafen und wache mit ihr auf. Die Schreibtischarbeit beginnt bereits am Nachmittag.*

15:30 Uhr Ein Zuschauer hat Jürgen mal in einem Brief gefragt, was er eigentlich hauptberuflich mache. Diese eine Stunde Live-Talk mitten in der Nacht könne ja nicht alles sein. Jürgen hat den Brief in der Postecke der Sendung vorgelesen und geantwortet, er wäre Chef einer Nacktputzfirma in Köln. Am nächsten Tag meldete sich eine große Boulevardzeitung und wollte eine Exklusivgeschichte über seine angebliche Putzkolonne schreiben. Viele Zuschauer und Zuhörer riefen auf der *EinsLive*-Hotline an oder schrieben Briefe und erkundigten sich nach dem Namen der Firma. Einige fragten sogar, ob man auch den nackten Domian höchstselbst fürs Fensterputzen mieten könnte.

Düsseldorf, den 25.05.2000

Lieber Domian,

ich bin ja echt baff. In einer deiner letzten Sendungen hast du erzählt, dass du Inhaber einer Nacktputz-Agentur bist. Das finde ich echt klasse. Ich bin schon lange ein richtiger Fan von dir, und du wirst es nicht glauben, aber auch ich hatte schon immer vor, eine Nacktputz-Agentur aufzumachen. Habe mich aber nie getraut. Jetzt, wo ich weiß, dass auch du so ein Gewerbe betreibst, will ich es auch noch mal anpacken. Kannst du mir nicht ein paar Tipps geben, wie man das macht? Ich habe nämlich keine Ahnung von so was. In meiner Stadt gibt's so einen Service nicht. Es gibt bestimmt Leute, die das auch hier machen, aber im Branchentelefonbuch habe ich nichts unter Nacktputzen gefunden. Wie viele Angestellte braucht man denn? Bekommt man irgendwo finanzielle Hilfe? Wo muss ich denn so ein Gewerbe anmelden? Ich warte dringend auf eine Antwort von dir.

Bis bald, Udo

Jürgen in seinem Arbeitszimmer

Natürlich war das nur ein Gag. Jürgen hat nicht mal eine Putzhilfe für seine eigene Wohnung – geschweige denn eine nackte. Er putzt selbst. Und was für seine Zähne und seinen Körper gilt, das gilt auch für seinen Fußboden und die ganze Wohnung: absolute Reinlichkeit ist das oberste Gebot! Und in der Tat: Schmutzig ist nur der Staubwedel, den er in einem Regenschirmständer im Flur aufbewahrt. Ansonsten kann man bei ihm überall vom Boden essen.

Domian: Häufig überkommt mich die Putzlust nachts, wenn ich von der Sendung wieder zu Hause bin. Richtige Putzorgien veranstalte ich aber nie. In der einen Nacht mache ich das Wohnzimmer, in der nächsten Woche dann das Schlafzimmer oder andere Räume. Das dauert auch nie besonders lang. Für das Parkett im Wohnzimmer zum Beispiel brauche ich gerade mal zehn Minuten – kehren und feucht durchwischen, fertig!

Jürgens Hauptberuf ist natürlich die Sendung. Und das ist viel mehr als fünfmal die Woche je eine Stunde Talkradio. Das ganze Drumherum, die Vorbereitung und Organisation von einzelnen Sendungen und seine vielen Verpflichtungen übersieht man dabei leicht.
Nach dem Frühstück, frisch geduscht und mit blitzeblanken Zähnen setzt Jürgen sich an den Schreibtisch in seinem Arbeitszimmer. Zur rechten Hand der Computer, links das Telefon. Bevor er zum Hörer greift, wirft er zuerst mal einen Blick auf die Einschaltquoten der gestrigen Sendung. Die Zahlen ruft er jeden Tag im WDR-Videotext ab. Gestern hatten wir eine tolle Quote. Die gute Nachricht hebt Jürgens Laune beträchtlich: 180.000 Zuschauer und ein Marktanteil von zwölf Prozent in Nordrhein-Westfalen! Die Sendung gibt es jetzt schon seit fünf Jahren. Und die Einschaltquoten entwickeln sich immer noch weiter nach oben. Dafür, dass unsere Sendung eher versteckt im Dritten Programm der ARD läuft, ist das ein beachtlicher Erfolg. Die DOMIAN-Fangemeinde wird immer größer.

Fünf der acht Anrufe auf dem Anrufbeantworter sind dienstlich. Die Pressestelle des WDR braucht dringend neue Fotos von Jürgen und will dazu einen Termin mit ihm vereinbaren.

Die Redakteurin einer ostdeutschen Tageszeitung erzählt knapp, dass ihr Blatt ein ausführliches Porträt des Nachttalkers anfertigen möchte. Sie will deshalb gerne ein längeres Interview führen. Jürgen ruft die Journalistin zurück und verabredet ein Treffen.
Eine Kölner Tageszeitung fragt an, ob Jürgen dazu bereit wäre, eine regelmäßige Kolumne für das Blatt zu schreiben.
Dann eine Mitarbeiterin von *CreaTV*, der Fernsehproduktionsfirma von Hans Meiser. Jürgen soll in Meisers Talkshow als Gesprächsgast zum Thema »Drogen« auftreten. In seiner nächtlichen Sendung mache er doch immer wieder Erfahrungen mit Abhängigen und deren Angehörigen. Jürgen sagt zu.
Und schließlich noch der Veranstalter einer Benefizgala. Er will Jürgen als Schirmherrn gewinnen.

Ein Fax von der Kölner Universität: Jürgen soll als Gastdozent in einem Seminar für »Theater-, Film- und Fernsehwissenschaften« referieren. Thema: »Öffentliches Intimleben – was dürfen Talkshows?«. Interessante Aufgabe, aber viel Arbeit. So ein Vortrag muss gut vorbereitet werden.

DAS EINKAUFEN

Domian: *In Geschäften rumzustehen ist mir ein Graus. Ich hätte am liebsten einen Menschen, der für mich immer alle Einkäufe erledigt.*

Mit Einkaufstüten in den 4. Stock

Er geht die vier Stockwerke runter in den Keller, wo seine beiden Fahrräder stehen. Zwar gibt es auch einen Aufzug, aber den benutzt Jürgen nie. Was, wenn das Ding mal stecken bleibt? Eine Horrorvorstellung. Jürgen hat Platzangst. In engen geschlossenen Räumen, aus denen es keinen Ausweg gibt, kriegt er schnell Panik. Also besser zu Fuß in den Keller. Seine beiden Fahrräder stehen in einem engen Abstellraum. Die meisten Fahrten, wie zum Beispiel Einkäufe, erledigt er mit dem Rad. Ein Auto hat Jürgen nicht.
Jürgen hasst Einkaufen. Er kocht auch nicht. Das ist ihm zu lästig und zu aufwendig.

17:04 Uhr Im Winter ist es oft schon wieder dunkel, wenn Jürgen am späten Nachmittag zum ersten Mal das Haus verlässt. Zu dieser Jahreszeit bekommt er am Tag nur ein oder zwei Stunden vom Tageslicht mit.

Seine Einkaufstüten sind daher immer prall gefüllt mit Fertiggerichten und Konservendosen. Dazwischen viele Säfte, vor allem Pampelmusen-Saft. Alkohol trinkt er nur selten, und Bier mag er überhaupt nicht. Wenn es sich irgendwie machen lässt, rafft er sich einmal pro Woche zu einem Großeinkauf auf. Sein Lieblingssupermarkt ist direkt um die Ecke. Da kriegt man alles: Von Zeitschriften über Lebensmittel bis hin zu Mikrowellen und Herrensocken. Mit mehreren Tüten am Lenker und voll beladenem Gepäckträger balanciert Jürgen sein Fahrrad dann die wenigen Meter bis nach Hause. Leise fluchend schleift er die Taschen durch das Treppenhaus nach oben in den vierten Stock. In den Aufzug kriegen ihn ja keine zehn Pferde.

Eine Metzgerei betritt Jürgen nur ganz selten. Feinkostläden dafür um so häufiger. Da darf das eingeschweißte Fertiggericht auch schon mal ein paar Mark mehr kosten. Hauptsache Jürgen muss keinen Kochlöffel in die Hand nehmen! Außerdem braucht der Kuchenfan jeden Tag ein frisches Teilchen aus der Bäckerei: Obstplunder, Puddingteilchen oder ein Berliner mit Marmelade – ganz egal, wenn es nur etwas Süßes ist.

Jürgen geht auch nicht gerne Klamotten kaufen. Er hasst diese engen und stinkenden Umkleidekabinen. Erst wenn ihm seine alten Sachen nicht mehr gefallen, rappelt er sich auf, fährt in die Stadt und kauft tütenweise Kleidung ein – damit ist er dann wieder für eine Weile versorgt.

Nur selten hat Jürgen mal einen Nachmittag oder frühen Abend so richtig frei. Wenn aber alle Einkäufe, Anrufe und der Papierkram erledigt sind, nimmt er sein Mountainbike und fährt spazieren. Vorausgesetzt das Wetter lässt eine Radtour zu.

Jürgen an seinen Lieblingsorten in Köln: in der Ringbar, auf der Südbrücke, in der Wanderausstellung Körperwelten, im Alten Wartesaal, vor dem Mercedes-Schaufenster

Domian: *Ich liebe Fahrradfahren. Es ist so entspannend, im Sonnenschein durch Wälder und Parks zu fahren. Im Sommer duftet es dann überall, und ich genieße einfach nur die Natur. Außerdem ist Fahrradfahren gesund! Joggen zum Beispiel finde ich furchtbar. Das sieht einfach nur blöd aus.*

Jürgen wohnt jetzt seit 20 Jahren in Köln. Und zum Glück gibt es hier genug grüne Flecken. Auch deswegen mag er diese Stadt sehr und kann sich auch gut vorstellen, hier alt zu werden.

Domian: *Köln ist neben Berlin die vitalste Stadt Deutschlands. Die Kölner Mentalität ist einfach ein Traum.*

Nur das Kölner Wetter stört ihn: schwüle Sommer, viel Regen und fast nie Schnee. Jürgen liebt die klimatischen Extreme: Ein Sommer muss für ihn brütend heiß sein, ein Winter eiskalt. Deswegen fährt er auch zweimal pro Jahr in den Urlaub. Im Sommer dahin, wo es richtig heiß ist, so wie zum Beispiel im vergangenen Jahr in die Sahara. Und im Winter dahin, wo Schnee liegt: Weihnachten 1999 hat er im schwedischen Lappland verbracht.

Jürgen im Urlaub: Sahara, Alpen im Winter und Sommer

Dr. Guido Westerwelle (Generalsekretär der FDP) über Domian: *Kaum jemand hat so die Ruhe weg wie Jürgen Domian am Sendepult. Die Live-Übertragung seiner Sendung im Fernsehen ist Kult. Trotzdem ist Domian hauptsächlich echtes Radio. Sein Talk lebt vom Zuhören. Das tut gut und hebt ihn von der Masse ab. Nur warum Jürgen Domian mir in einer Fernseh-Talkshow eine Portion ›Spanische Fliege‹ schenken wollte, blieb mir bis heute ein Rätsel.*

DER ABEND

Domian: *Die Engländer pflegen ihre Tea-Time. Ich pflege seit früher Jugend die Kaffeezeit. Mit meiner Kusine Helga und den tollen Kuchenkreationen unserer Mütter fing alles an.*

18:58 Uhr Es ist früher Abend. Im Fernsehen laufen die Seifenopern. Viele Berufstätige kommen um diese Zeit nach Hause, tauschen die Bürokleidung gegen den Jogginganzug und den Aktenkoffer gegen die Fernbedienung. Jürgen macht es sich um diese Zeit auf seinem Sofa im Wohnzimmer bequem. Für das Abendessen ist es aber noch zu früh. Während in anderen Haushalten um diese Zeit Braten oder Wurstbrote auf den Tisch kommen, holt Jürgen sich das Kuchenteilchen aus dem Kühlschrank. Dazu eine Tasse Kaffee. Sonntags kriegt er oft Besuch von seinen Eltern. Seine Mutter bringt ihm jedes Mal selbst gebackenen Käsekuchen mit. Ein uraltes Familienrezept und Jürgens absoluter Lieblingskuchen. Meist reicht der Vorrat aber nur für wenige Tage.

Zu Kaffee und Teilchen ertönt Musik aus dem CD-Spieler – einer modernen, flachen Anlage, die an der Wand hängt. Radio hört Jürgen nur beim Duschen. Und dann entweder *EinsLive* oder *RPR2* – einen Schlagersender. Jürgen ist ein großer Schlagerfreund. Er hat viele alte

> *Das Original-Käsekuchenrezept von Jürgens Mutter:*
>
> *Für den Boden: 125 g Zucker, 125 g Butter, 2 Eier, 125 g Mehl, ½ TL Backpulver*
>
> *Für den Belag: 1 ½ Päck. Schichtkäse, ½ Pfd. Sahnequark, 200 g Zucker, 2 Tütchen Vanillezucker, 4 Eier, 50 g zerlassene Butter, 1 Päckchen Vanillepudding*
>
> *Backzeit: 60 Minuten bei mittlerer Hitze (180 °C)*
>
> *Beim Backen unbedingt darauf achten, dass keine Rosinen in den Teig geraten. Jürgen hasst Käsekuchen mit Rosinen!*

Jürgen mit seinen liebsten Schlager-CDs

Platten, vor allem von Roland Kaiser, Gitte und Rex, Vicky Leandros, Udo Jürgens und Freddy Quinn. Ich habe Jürgen mal gefragt, woher seine Begeisterung für diese Musik kommt. Erklären konnte er es mir auch nicht so genau. Er sei halt mit den Schlagern groß geworden.

Domian: *Die erste Platte, die ich mir selbst gekauft habe, war ›Ganz in Weiß‹ von Roy Black. Ich war gerade mal sieben Jahre alt. Aus dem Radio habe ich immer Schlager auf ein Tonband aufgenommen, obwohl es wegen des schlechten Empfangs unerträglich gerauscht hat. Als ich neun war, schenkten mir meine Eltern zu Weihnachten einen Dual-Plattenspieler. So einer im Koffer zum Auf- und Zuklappen. Das war damals das Größte für mich!*

Jürgens Lieblingssender war Radio Luxemburg. Und im Fernsehen hat er kaum eine Folge der *Hitparade* mit Dieter Thomas Heck verpasst. Auch Jürgens Freunde hörten deutsche Musik. Erst mit 17 Jahren entdeckte er die amerikanische und englische Popkultur: Bob Dylan, die Rolling Stones und Smokie. Seine Eltern konnten mit dieser Musik nichts anfangen. Auch Schlager waren ihnen schon zu modern. Sie mochten eher die deutsche Volksmusik.

Jürgens zweite musikalische Leidenschaft neben Schlagern ist die Klassik. Ludwig van Beethoven, Richard Wagner, Richard Strauß und Wolfgang Amadeus Mozart mag er am liebsten, vor allem Mozarts Requiem. Seine Begeisterung für klassische Musik wurde auf dem Gymnasium in Gummersbach geweckt. Da war Jürgen 18. Er kann sich noch gut an das erste klassische Stück erinnern, das er sich damals auf Schallplatte gekauft hat: Tschaikowskys Klavierkonzert Nummer eins.

Techno- und House-Musik hört er zu Hause nicht. Nur in der Disco. Auch wenn er in der letzten Zeit nicht mehr so viel Spaß am »Abzappeln« hat. Die meisten Läden sind ihm einfach zu voll. Vor einigen Jahren war er noch häufiger in den Kölner Nachtclubs unterwegs.

Auch für die Sendung ist es wichtig, dass Jürgen immer umfassend informiert ist.

19:32 Uhr Nach dem Kaffeestündchen nimmt er wieder die Zeitungen zur Hand. Jetzt ist genug Zeit, um längere, vertiefende Artikel zu lesen. Auf dem Wohnzimmerboden vor dem Sofa sieht es aus wie auf einem Schlachtfeld. Überall Papier. Das Chaos deutet auf seine uferlose Lesefreude hin.
Immer auf dem Laufenden zu sein ist für Jürgen wichtig. Wenn sich ein Anrufer mit ihm über politisch oder gesellschaftlich relevante Ereignisse unterhalten will, ist es äußerst peinlich, wenn Jürgen sich in der Thematik nicht auskennt. Von daher ist eine gründliche Zeitungs- und Zeitschriftenlektüre unbedingt notwendig. Sie gehört zu seinem Job, ist eine wichtige Vorbereitung auf die Sendung in der Nacht.

21:31 Uhr Nach fünf Minuten piepst es, der Reisteller dampft. Jürgen nimmt sich noch eine Flasche Malzbier aus dem Kühlschrank und setzt sich vor den Fernseher. Im ZDF läuft das *heute-journal*. Währenddessen geht Jürgen nicht ans Telefon. Es ist »seine« Fernsehnachrichten-Zeit. Dabei will er nicht gestört werden.

Domian: *Wenn ich fernsehe, dann nur abends und nachts. Am liebsten Psychothriller und Horrorfilme. Ich mag alle Hitchcock-Filme, Stephen Kings* Shining *und* Rosemaries Baby *von Roman Polanski. Auch die seriösen Talkshows finde ich gut: Alfred Biolek, Reinhold Beckmann, Sabine Christiansen, Johannes B. Kerner. Leider*

Abendessen: Jürgen schiebt den »feurig-mexikanischen Reisteller« in die Mikrowelle.

beginnen die erst so gegen 23 Uhr, wenn ich ins Studio muss. Manchmal gucke ich aber nachts oder am Wochenende die Wiederholungen. Serien mag ich überhaupt nicht. Actionfilme eigentlich auch nicht. Außer James Bond.

22:45 Uhr Jürgen schaltet den Fernseher ab. Vor dem Sofa auf dem Boden steht noch das Glas und der leere Teller mit dem schmutzigen Besteck. Eine Spülmaschine hat Jürgen nicht. Deshalb landet das schmutzige Geschirr zunächst mal im Spülbecken.
Jürgen geht rauf ins Schlafzimmer zu seinem Kleiderschrank. Wohl jeden Abend stellt er sich die gleiche Frage: »Was soll ich heute in der Sendung tragen?« Er entscheidet sich schließlich für ein graues T-Shirt, ein helles Hemd und seine beige Jeans-Jacke. Die Hose ist ja egal. Sieht man im Fernsehen sowieso nicht. Unten im Flur setzt Jürgen sich die graue Norwegermütze auf und zieht seine wuchtigen schwarzen Stiefel an. Ein letzter Blick in den Spiegel im Bad. Wichtig: Die Zähne strahlen. Noch schnell einen Spritzer Herrenparfüm auf die Wangen. Jürgen macht das Licht aus, verlässt seine Wohnung und fährt ins Studio.

Natürlich verläuft nicht jeder Abend gleich. Seit DOMIAN nicht mehr wie anfangs nur im WDR-Sendegebiet Nordrhein-Westfalen, sondern mittlerweile in ganz Deutschland bekannt ist, mehren sich die Einladungen zu Talk- und Unterhaltungsshows. Zum Glück werden nicht alle nachmittags aufgezeichnet, sondern einige auch erst am Abend.

Jürgen mit Kappe und Zimmermannsjacke

In acht verschiedenen Sendungen und bei sieben verschiedenen Sendern war Jürgen bereits zu Gast. Allein fünf Mal in der Late-Night-Show von Harald Schmidt. Ich habe ihn damals bei seinem ersten Auftritt dorthin begleitet und kann mich noch genau daran erinnern, wie nervös er war. Genau genommen habe ich Jürgen da zum ersten Mal mit richtigem Lampenfieber erlebt. Für ihn ist Schmidt der Gott des deutschen Entertainments. Die Einladung in seine SAT 1-Show hat er wie einen Ritterschlag empfunden. Es lief unglaublich gut. Jürgen berichtete von einem Anrufer aus der Sendung, der sich vor dem Onanieren immer Brennnesseln auf die Eichel reibt, um in Fahrt zu kommen. Jürgen erzählte, er hätte das daraufhin selbst mal ausprobiert und festgestellt: »Das ist nichts für mich!« Und wer die Late-Night-Show kennt, der weiß, dass auch Harald Schmidt an allerlei kleinen Schweinereien interessiert ist. Also pflückte Jürgen am Nachmittag vor der Aufzeichnung frische Brennnesseln aus einem Kölner Schrebergarten. Die legte er in einen uralten Kochtopf mit Wasser und schenkte ihn dann abends Harald Schmidt in der Show. Das war weder mit Schmidt, noch mit dessen Team abgesprochen. Harald war völlig perplex, als Jürgen ihm riet, die Brennnesseln mal als Stimulanz zu benutzen. Das Publikum tobte! Und tatsächlich behauptete Schmidt ein paar Tage später in seiner Sendung, er habe es ausprobiert. Ob es ihm gefallen hat ... das ließ er offen.

Seinen ersten Fernsehpreis hat Jürgen schon gewonnen: den *Raab der Woche*. Diese »Auszeichnung« verleiht Stefan Raab wöchentlich in seiner Comedy-Show *TV Total*. In unserer Sendung hat sich mal ein Anrufer gewünscht, Stefan Raab in Strumpfhosen zu sehen. Das war der Grund für Jürgens Nominierung. Und es herrschte eine tolle Studioatmosphäre. Bei der Publikumswahl um den *Raab der Woche* ertönten »Jürgen, Jürgen«-Sprechchöre. Mit einem so frenetischen Jubel war bis dahin noch kein *TV-Total*-Gast empfangen worden, sagte uns nach der Sendung ein Redakteur. Jürgen setzte sich bei der Abstimmung gegen einen jungen Breakdancer und eine Horde Wolfgang-Petry-Imitatoren durch. In der Woche drauf konnte er seinen Titel gegen Kai Pflaume allerdings nicht verteidigen. Die Trophäe durfte er aber behalten. Seitdem steht der goldene Pokal auf dem Bücherschrank in Jürgens Arbeitszimmer.

Jürgen und Harald Schmidt lesen mit verteilten Rollen aus Jenseits der Scham

Jürgen bei TV Total

Ein bisschen überraschte es Jürgen, dass Stefan Raab hinter den Kulissen sehr freundlich und zuvorkommend war. Nicht so aufgedreht wie in der Sendung. Nach der Aufzeichnung fragte Jürgen ihn, ob er Lust hätte, mal als Promigast zu DOMIAN zu kommen. Spontan sagte Stefan Raab zu. Er kennt die Sendung gut und hört sie sich oft an, während er in seinem Studio über neuen Musikstücken brütet. Alfred Biolek ist Jürgens Vorbild als Talkmaster. Aus mehreren Gründen: Biolek wählt die Gesprächspartner für seine Sendung sehr sorgfältig aus, er lässt seine Gäste ausreden und stellt kluge, einfühlsame Fragen. Jürgen war 1996 bei *Boulevard Bio* zu Gast, zum Thema: »Einsamkeit«. Auch Karl Lagerfeld war an diesem Abend eingeladen. Nach der Sendung haben Jürgen und der Modeschöpfer sich noch eine ganze Weile angeregt unterhalten. Vor allem über ihre Familien. Beide stammen aus zwei völlig verschiedenen Milieus: Die Eltern von Karl Lagerfeld waren sehr reich. Jürgen dagegen kommt aus einem klassischen Arbeiterhaushalt. Aber trotzdem – oder vielleicht gerade deswegen – war Jürgen von dem Gespräch und von Karl Lagerfeld sehr beeindruckt.

In der Talkshow *Riverboat* hätte Jürgen mit einer harmlosen Frage beinahe einen Eklat ausgelöst. Die Sendung läuft im Mitteldeutschen Rundfunk (MDR) und wird in Dresden live vor Publikum produziert. Im Dezember 1998 war Jürgen dort zu Gast. Unter den Talkgästen auch Jutta Müller, die Trainerin von Eiskunstläuferin Katharina Witt, der prominentesten Sportlerin der Ex-DDR. Jürgen fragte Jutta Müller, mit welchen Gefühlen sie vor der Wende ihre großen Privilegien, Reisen, Autos, teure Lebensmittel, Luxusgüter, genossen habe. Immerhin war nahezu die gesamte übrige DDR-Bevölkerung von diesen Vorzügen ausgeschlossen. Ein Raunen ging durch das Publikum. Jutta Müller war pikiert, wollte keine konkrete Antwort geben. Moderator Jan Hofer signalisierte Jürgen, dass er das Thema DDR-Vergangenheit besser nicht weiter vertiefen sollte. Also beließ Jürgen es dabei.

Domian: Im Nachhinein habe ich das bereut. Ich hätte in dieser Situation nicht klein beigeben dürfen. Die DDR-Vergangenheit darf doch fast zehn Jahre nach dem Mauerfall kein Tabuthema sein! Ich hätte ruhig noch forscher nachhaken sollen. Es war eine Live-Sendung, keiner hätte nachträglich etwas rausschneiden können.

In der RTL-Show *Veronas Welt* wurde Jürgen vor die Wahl gestellt: Soll ihn eine vollbusige Blondine im Badeanzug die Showtreppe hinabbegleiten oder lieber zwei knackige Kerls mit nacktem Oberkörper? Er entschied sich für die Dame. Ihre märchenhafte Oberweite hat ihn wirklich beeindruckt. Seinen staunenden Blick habe ich noch genau im Kopf.

Zum ersten Mal allerdings sind sich Jürgen und Verona Feldbusch in der WDR-Talkshow *B.trifft* mit Bettina Böttinger begegnet. Sie waren sich auf Anhieb sympathisch. Nach der Aufzeichnung haben sie sich noch eine Weile auf der Studiotreppe miteinander unterhalten. Verona guckt häufig unsere Sendung. Sie wollte von Jürgen wissen, wie er die vielen Schicksale seiner Anrufer verarbeitet, wie die Arbeit tief in der Nacht seinen Lebensrhythmus verändert hat und wie lange er die Sendung noch machen möchte.

Nicht nur Verona Feldbusch, auch eine Menge DOMIAN-Zuschauer und -Zuhörer interessieren sich für Jürgens Leben hinter den Kulissen der Sendung. Erste Einblicke hat er ja schon in seinem zweiten Buch *Jenseits der Scham* geschildert. Und das wurde schnell zum Bestseller. Irgendwann schlug der Verlag Jürgen vor, zusammen mit Hella von Sinnen regelmäßig und live vor Publikum aus *Jenseits der Scham* vorzulesen. Jürgen und Hella waren am Anfang skeptisch, ob sich das überhaupt jemand angucken würde. Aber nach der ersten Lesung in einer Kölner Buchhandlung war klar: eine Riesenidee! Der Saal war rappel-

Verona Feldbusch, Jürgen und Bettina Böttinger bei B. trifft

Hella von Sinnen und Jürgen bei einer Lesung in Witten

Signierstunde und Plausch in der Garderobe

voll, die Karten nach wenigen Tagen ausverkauft. Die Leute haben gespannt zugehört, viel gelacht und interessiert nachgefragt.

Domian: *Für mich ist so eine Lesung äußerst reizvoll. Da lerne ich mein Publikum kennen. Sonst sitze ich ja immer abgeschottet in meinem kleinen Studio und telefoniere mit den Leuten. Das Publikum ist eher abstrakt. In der Lesung aber sitzen mir meine Zuschauer und Zuhörer direkt gegenüber. Und ich stelle immer wieder fest: Das Publikum ist nicht homogen, von 16-jährigen Punks bis zu älteren feinen Damen ist alles vorhanden. Da kommen einfache Leute und gebildete. Und alle mögen die Sendung. Es ist unglaublich schmeichelhaft, hautnah mitzubekommen, wie groß die DOMIAN-Fangemeinde geworden ist.*

Seit Dezember 1998 sind Jürgen und Hella vorwiegend in Nordrhein-Westfalen und Norddeutschland aufgetreten. Alle Veranstaltungen waren restlos ausverkauft, die Karten immer schnell vergriffen. In einer Dortmunder Diskothek haben die beiden mal vor sage und schreibe 1500 Zuhörern gelesen. Mit verteilten Rollen tragen Jürgen und Hella zunächst ein Gespräch aus der Sendung vor, das in *Jenseits der Scham* abgedruckt ist. Jürgen ist Domian und Hella von Sinnen spricht – mit liebenswerter kölscher Einfärbung – die 77-jährige Elfriede. Die Dame war versehentlich statt bei der Telefonseelsorge bei einer Telefonsex-Hotline gelandet. Und das hat ihr so gut gefallen, dass sie dort Stammgast wurde.

Zwischendurch stellt Hella Jürgen vor allem private und persönliche Fragen. So erfährt das Publikum, dass Jürgen bei der Namensgebung seiner Haustiere nicht besonders kreativ war (»Mein Hamster und meine Meersau hießen beide Purzel«), dass er Schnee liebt und neidisch ist auf Menschen, die Klavier spielen können. Dass er als König von Deutschland die Gehälter des Pflegepersonals in Krankenhäusern und Altenheimen verdoppeln würde. Dass er in seiner Kindheit im Schrankbett geschlafen hat, seinen ersten Gruppensex mit sieben Jahren hatte und dabei einer Gleichaltrigen seinen Finger in die Scheide gesteckt hat. Hellas Konter: »Das mache ich noch heute gerne!« Jürgen: »Aber ich hoffe, nicht bei einer Siebenjährigen!« Hella: »Neiiiiin, um Gottes Willen!« Nur eine Frage bleibt unbeantwortet. Hella: »Wie groß ist eigentlich dein Penis?« Jürgen: »Verrate ich nicht. Nur so viel: Ich nenne ihn nicht Purzel!«
Am Ende der Lesung hat schließlich das Publikum die Gelegenheit, Jürgen auszuquetschen.
»Warum beginnt die Sendung immer erst so spät?« – »Weil es dem WDR-Fernsehen anders nicht möglich ist. Das ganze Abendprogramm müsste sonst umstrukturiert werden.«
»Hast du eigentlich eine psychologische Ausbildung?« – »Nein. Ich sage den Anrufern meine Meinung als Privatperson. Für heikle Fälle sitzt aber immer ein Psychologe oder eine Psychologin im Hintergrund.«

»Wie lange willst du die Sendung noch machen? Wie sehen deine Zukunftspläne aus?« – »Ich möchte die Sendung gerne noch sehr lange weitermachen. Für die Zukunft plane ich aber zusätzlich ein Projekt, das wir ›Walk-Talk‹ nennen. Es wurde schon zweimal im Fernsehen ausgestrahlt: Die Leute rufen nicht bei uns an, sondern kommen mit ihren Anliegen direkt ins Studio, wo ich mich dann mit ihnen unterhalte. Wann dieses Projekt realisiert wird, steht aber noch nicht fest.«

Domian: Hella und ich ergänzen uns in der Lesung fantastisch. Sie ist eine tolle Entertainerin und versteht es einfach, das Publikum zu unterhalten. Obwohl der Rahmen für die Show feststeht, improvisieren wir häufig, wenn die Situation es zulässt. Auch die Zuschauerfragen sind nicht immer dieselben. Es ist eine große Herausforderung für mich, wenn die Leute mir gesellschaftliche und gesellschaftspolitische Fragen stellen. Zum Beispiel zum Kosovo-Krieg, zu Jörg Haider oder zum Euro.

VOR DER SENDUNG

Domian: *Zu meinem Sendungsvorbereitungs-Ritual gehört mein Redakteur Wolfram Zbikowski wie das Salz zum Meer. Ohne ihn ist DOMIAN überhaupt nicht mehr vorstellbar. Ich denke immer: Was für ein Glück, dass wir uns begegnet sind.*

22:00 Uhr Der Arbeitstag des DOMIAN-Redakteurs beginnt um 22 Uhr in einem modernen Neubaukomplex am Rande der Kölner Innenstadt. Tiefgarage ... Fahrstuhl ... 3. Etage. Der erste Weg führt mich jeden Abend zum DOMIAN-Postfach, direkt neben dem Empfang. Manchmal denke ich, dass es keinen Moderator gibt, der mehr Post bekommt. Eigentlich Unsinn, ich weiß. Aber wieder einmal ist unser Postfach bis oben hin gefüllt, und die ersten Faxe sind schon auf den Teppichboden gefallen. Ich schaffe es gerade eben noch, mit der einen Hand meine Tasche und mit der anderen Hand den Postberg vor dem Bauch in die Redaktion zu befördern. Ungefähr 25 Meter, zwei schwere Glastüren und eine scharfe Rechtskurve. Viel länger hätte der Weg auch nicht sein dürfen. Mein Schreibtisch steht im großen *EinsLive*-Sendezentrum. Eine Art Großraumbüro, in dem sich das DOMIAN-Studio, die gesamte Technik und der Regieplatz befinden.

Der Empfang bei *EinsLive*. Maurice Daubenberger vor seiner DOMIAN-Fanseite http://domian.maorice.de. Infos auch unter www.nachtlager.de und www.einslive.de

Das DOMIAN-Postfach

Hier wird nachher auch unser Team arbeiten. Die räumliche Nähe ist wichtig. Man kann so während der Sendung schnell Rücksprache mit den Psychologen und Telefonisten halten. Ich liebe es, wenn es hier dunkel ist. Ich brauche nur meine Schreibtischlampe und das Funkeln und Blinken der zahllosen Computer und Geräte. Das erzeugt in mir gleich diese besondere Stimmung, um mich schon mal auf die Sendung und die Nacht vorzubereiten. Zu dieser Uhrzeit arbeiten hier nur noch wenige Menschen. Ein Techniker, Claudia Kramer (die heutige Moderatorin vom *EinsLive*-Kultkomplex) und der eine oder andere Redakteur.

Vor mir auf meinem großen grauen Schreibtisch liegt der Postberg. Briefe, Faxe, E-Mails, ein Paket ist auch dabei. Da ich Spannung kaum ertragen kann, fange ich natürlich mit dem Paket an und mühe mich mit der Verpackung ab. Mein Vater hat auch diese besondere Gabe,

Redakteur Wolfram Zbikowski bearbeitet jede Nacht zuerst die Post

Weihnachtspakete mit so viel Tesafilm zuzukleben, dass man Minuten braucht, um an das Wesentliche zu kommen. Ein DOMIAN-Redakteur ohne Teppichmesser und Schere ist also nicht vorstellbar. Zuerst kommen mir Ladungen von Styroporkügelchen entgegen und landen auf meinem Stuhl und dem dunkelgrauen Teppich. Wie so oft. Ich plädiere in diesem Zusammenhang übrigens für die Kennzeichnungspflicht von Styroporkügelchen auf Paketen: »Achtung! In diesem Paket befinden sich 6573 Styroporkügelchen.« Etwas genervt schiebe ich das weiße Zeug mit meinen Schuhen weit unter den großen grauen Schreibtisch. Wohl wissend, dass es für den Staubsauger am nächsten Morgen zu einer echten Belastungsprobe werden kann.

Anneliese, 62 Jahre, hat Jürgen ein Geweih geschickt. Sie hat es vor 30 Jahren auf einem Flohmarkt gekauft. Von welchem Tier es stammt, weiß sie nicht mehr genau. Bei einer Kellerentrümpelung hat sie es nun wieder gefunden und sofort an Jürgen gedacht. Oder ist es gar kein Geweih, sondern ein Gehörn? Ein Zuschauer hat uns vor einiger Zeit erklärt, dass das ein großer Unterschied ist: »Geweihe« sind die knöchernen Stirnauswüchse der männlichen Hirsche, »Gehörne« die des Rehbocks. Jürgen ist ein Liebhaber dieser knöchernen Stirnauswüchse. Er liebt die Jagd, war selbst bislang aber nur einmal auf der Pirsch. In seiner Wohnung thront an der Wohnzimmerwand über seinem blauen Sofa ein Geweih. In unserer Studiodekoration gibt es inzwischen drei »Hirsch-Utensilien«: Ein Geweih an der hinteren Wand (nein, es ist ein Gehörn!), ein weißer Porzellan-Hirsch auf der rechten Seite (ein Geschenk von unserem Mitarbeiter Roland Lohr) und ein Mini-Bronzehirsch vor unserem Telefonnummernschild. Er hat eine wichtige Aufgabe, wenn nicht sogar die wichtigste von allen. Er steht nämlich genau vor dem Schriftzug »freecall«, sodass man ihn nicht mehr lesen kann. Jürgen hasst Anglizismen und ist für die Beibehaltung und Pflege der deutschen Sprache. Warum also »freecall« und nicht »kostenlos« oder »umsonst«? Manchmal wird er richtig böse. Wenn er im Kölner Hauptbahnhof am »Service Point« nach dem nächsten Zug fragt, kurz mal bei »Mc Clean« (das sind die Toiletten!) ein Geschäft verrichtet oder sich hungrig beim »Potatoe Point« eine Portion Pommes kauft. Um so fremder kommt er mir vor, wenn er neuerdings von »Provider«, »E-Mail« und »Chatten« spricht. Jürgen hat jetzt nämlich auch einen Computer.

Ich schreibe Anneliese einen kleinen Dankesbrief und werde ihn nachher von Jürgen unterschreiben lassen. Heute sind 22 Briefe, 36 Faxe und 20 E-Mails angekommen. Ich lese sie alle, und sie werden alle beantwortet. Das Lesen der Zuschauerpost ist eine meiner wichtigsten Aufgaben. Manchmal rufe ich die Absender zurück und frage sie, ob

Ulla Kock am Brink (Moderatorin) über Domian:
Einen Toast auf den Mann mit dem Käppi und dem beigen Outfit! Nacht für Nacht begleitet er die Lebens-, Leidens- und Lustgeschichten der deutschen Seele. Und sein Job hat ihn noch immer nicht zum Zyniker gemacht – stattdessen bietet er Menschlichkeit, Toleranz, Humor und Glaubwürdigkeit. Dafür gilt ihm mein Respekt. Chapeau, Domian.

sie Lust hätten, heute Nacht mit Jürgen in seiner Sendung über ihr Problem, ihre Geschichte zu sprechen. Manchmal sitze ich auch vor einem Brief und kann mir das Lachen kaum noch verkneifen. Wie z. B. am 23.03.2000.

Husum, den 19.03.2000

Lieber Jürgen Domian,

du wirst jetzt vielleicht lachen. Aber ich habe mich in dich verknallt! Ich schaue deine Sendung jeden Abend. Seit vier Jahren. Und das, obwohl ich jeden Tag um vier Uhr aufstehen muss, weil um fünf Uhr mein Dienst beginnt. Ich gucke dir vor dem Fernseher immer ganz tief in die Augen. Du hast große schöne Augen. Und du hast, glaube ich, einen super Körper, auch wenn man im Fernsehen immer nur die Hälfte sieht.
Lieber Jürgen, sei mir nicht böse, wenn ich dir eine Frage stelle: Kannst du mir ein Nacktfoto von dir schicken? Ich möchte so gerne wissen, ob du auf der Brust behaart bist. Das hört sich vielleicht komisch an, aber ich hoffe wirklich sehr, dass du mir antwortest. Eigentlich bin ich ja nicht schwul, aber da bin ich mir in letzter Zeit gar nicht mehr so sicher. Ich war auch mal verheiratet. In Zeitungen und so gucke ich mir aber immer öfter Männer an, die stark behaart sind. Meistens onaniere ich dann auch dabei. Oft onaniere ich auch bei deiner Sendung, wenn ich dich im Fernsehen sehe. Und das, obwohl ich schon fast 50 bin. Lieber Jürgen, anrufen kannst du mich nicht, weil mein Telefon im Moment kaputt ist. Aber du kannst mir schreiben. Und vergiss bitte das Foto nicht!

Vielen Dank schon mal und viele Grüße,
dein Rudolf

Bis heute hat Rudolf nur einen kleinen Antwortbrief bekommen, in dem ich ihn um Verständnis gebeten habe, dass ich Jürgen noch nicht unters Hemd geschaut habe. Lieber Rudolf, die Antwort auf deine Frage befindet sich auf dem Titelfoto.
So sehr einen manche Briefe zum Schmunzeln oder gar Lachen bringen, so sehr stimmen einen andere Briefe nachdenklich. Am 5. Mai 2000 erreichte uns der Brief von Melanie aus Wesel:

Hallo Domian!

Ich schreibe dir, weil ich nicht weiß, an wen ich mich sonst wenden soll. Ich traue mich nicht, zu einem Psychologen zu gehen, und habe auch keine wirklich engen Freunde, mit denen ich darüber sprechen kann. Seit einigen Monaten geht es mir sehr schlecht. Ich bin zwanzig Jahre, mache gerade eine Ausbildung als Hotelfachfrau und wohne noch zu Hause bei meinen Eltern. Und da halte ich es nicht mehr aus. Mein Vater behandelt mich, als ob ich zehn bin. Jeden Tag lässt er mich spüren, dass er das Sagen über mich hat. Er schreit mich an, beleidigt mich und sagt ständig, wie unfähig ich bin und dass ich in meinem Leben eh nichts auf die Reihe kriege. Wenn ich dann anfange zu heulen oder Widerworte zu geben, dann schlägt er mich. Ich habe mein letztes Selbstwertgefühl verloren. Ich kann nicht mehr, Domian. Oft überlege ich, mich umzubringen. Dann wäre das Leiden endlich vorbei, und mein Vater würde sehen, was er angerichtet hat. Aber selbst dazu bin ich zu feige. Seit ein paar Wochen ritze ich mir die Arme auf und reiße mir die Haare an Armen und Beinen aus. Meine Unterarme sind mittlerweile völlig zerkratzt. Ich kann keine T-Shirts mehr tragen, sonst würde das jeder sehen. Manchmal lässt sich das aber nicht vermeiden und eine Freundin oder ein Freund fragt nach, woher die Kratzer kommen. Dann bin ich immer so nah dran, alles zu erzählen. Über meinen Vater, seine Beleidigungen, seine Schläge. Aber im letzten Moment kneife ich wieder und sage: Das war nur unsere Katze. Vielleicht ist das Armeaufritzen und Haareausrupfen ja ein Schrei nach Aufmerksamkeit. Nicht für meine Eltern (dafür ist es zu spät), sondern für meine sonstige Umgebung: Freunde, Berufsschule usw. Was soll ich nur tun? Ich bin so schwach. Zu meinem Arzt kann ich nicht gehen, der kennt meine Eltern und würde ihnen das sofort erzählen. Zu Psychologen traue ich mich wie gesagt nicht. (...)
Ich bin so verzweifelt, Domian. Ich weiß nicht mehr weiter. Eigentlich wollte ich im Sommer mit einer Freundin in Urlaub fahren. Aber das kann ich doch nicht machen mit den tausend Narben an meinen Armen. Ich kann doch nicht so an den Strand gehen. Und ich schaffs einfach nicht, damit aufzuhören. Ich schaffe es nicht!
Domian, ich weiss, dass ich nur eine von Hunderten bin, die dir schreiben. Ich wusste keinen besseren Rat, als mich an dich zu wenden. Du bist, glaube ich, meine letzte Hoffnung.
Aber bitte ruft mich nicht zu Hause an. Das Telefon steht im Flur. Und wenn mein Vater das mitkriegt, dann rastet er wieder aus. Ich hoffe auf dich und dein Team!

Viele Grüße, Melanie

Diesen Brief gebe ich noch in derselben Nacht unserer Psychologin Elke Donaiski. Sie schreibt Melanie ausführlich zurück und ermutigt sie, sich endlich von ihrem Vater zu lösen und notfalls eine Zeit lang in ein Wohnheim zu ziehen.

Wenn Jürgen und ich derartige Briefe lesen oder auch solche Geschichten in unserer Sendung hören, denken wir immer: Was geht eigentlich unter deutschen Dächern alles ab? Es sind Dinge, von denen vielleicht niemand etwas weiß. Oftmals erreichen uns Hilferufe mit den Worten: »Ich habe das noch niemandem erzählt!« Wir haben also eine unglaubliche Verantwortung. Viele wenden sich in großem Vertrauen an uns. Und doch können unsere Psychologen, die tagsüber in Praxen oder Beratungsstellen arbeiten, natürlich am Telefon oder in einem Brief keine therapeutischen Maßnahmen ergreifen. Sie sind quasi nur eine »psychologische erste Hilfe«. Dennoch ist es für viele der Anfang, sich jemandem anzuvertrauen. Und oftmals wurde dadurch etwas in Gang gesetzt. Wir wissen das aus zahlreichen Briefen.

Es ist wieder einmal so ein Tag, an dem ich es nicht schaffe, die gesamte Post zu lesen. Den Rest verschiebe ich auf morgen. In der Hoffnung, dann etwas mehr Zeit zu haben.

22:57 Uhr Inzwischen ist Jürgen da, und der Duft eines sehr maskulinen Parfüms zieht in meine Nase. Normalerweise benutzt Jürgen *Fahrenheit* oder *Francesco Smalto*, aber diesen Duft hier kenne ich noch nicht. »Ein Probefläschchen«, erfahre ich. *Hugo Boss* –

***Hans Meiser (Moderator) über Domian:** Ich habe Jürgen Domians Sendung vor Jahren kennen gelernt – nachts auf der Autobahn. »Kann man so etwas so (!) machen«, war meine erste Reaktion. Und endlich zuhause blieb ich vor der Garage im Wagen sitzen, um die letzten 6 Minuten der Sendung zu hören. Und jetzt – höre ich immer wieder zu und denke manches Mal: So vieles wird ausgezeichnet mit irgendwelchen Preisen. Domian wurde bislang immer vergessen. Absicht der Preisverleiher, weil das Format nicht ins Konzept passt? Wenn es nur so wäre – gäbe es dann eine bessere Auszeichnung...???*

Unsere gemeinsame Nacht beginnt immer mit derselben Frage: »Und, wie war der Schlaf?« – Ich habe heute mal wieder sechs Stunden am Stück geschlafen und anschließend noch eine Stunde mit meinem karierten Kopfkissen gekuschelt. Ich kann also nicht klagen. Eine verhältnismäßig gute »Nacht«. Jürgen dagegen konnte nur mit einer großen Dosis Melatonin einschlafen und war dann trotzdem fünf- oder sechs-, vielleicht auch siebenmal wach. Wir nennen so einen Fall schlicht und ergreifend »Horrornacht«. Ich sitze Jürgen gegenüber. Links von mir die Post, die er schnell bearbeiten muss: zwei Anfragen von Abiturjahrgängen, die ein Grußwort für ihre Zeitung haben wollen, der Bonner Generalanzeiger will ein Portrait über Jürgen schreiben, eine evangelische Kirchengemeinde aus Süddeutschland fragt an, ob er eine Podiumsdiskussion moderieren könne, der SWR möchte dringend ein Telefoninterview machen. Jürgen wird sich morgen im Laufe des Nachmittags um diese Dinge kümmern. Er legt seine Norweger-Mütze auf einen Stapel Aktenordner und klappt die Schreibtischlampe ein wenig nach unten. So können wir uns besser sehen.

»Weißt du, was wir dringend machen müssen?«, frage ich ihn. Und wenn ich diese Frage stelle, weiß Jürgen schon ganz genau, was ich meine. »Neue Themen?«, fragt er dennoch. »Ja«, antworte ich, »dringend sogar.«

Zweimal in der Woche – dienstags und donnerstags – geben wir in der Sendung feste Themen vor. Damit die Programmzeitschriften sie auch abdrucken können, müssen sie spätestens vier Wochen im Voraus feststehen. Die anderen Nächte sind »offen«. Die Anrufer können dann über jedes Thema mit Jürgen sprechen.

Das Suchen nach neuen Themen ist äußerst schwierig. So sitzen Jürgen und ich oft lange zusammen und müssen uns bei jeder Idee immer wieder neu fragen: Funktioniert das? Verstehen das die Leute? Aber die wichtigste Frage ist immer: Bringt uns dieses Thema gute Geschichten? Wir verstehen unsere Sendung natürlich auch als »Unterhal-

Jürgen und Wolfram Zbikowski zwei Stunden vor der Sendung

tungssendung«, die – wenn nötig – Hilfe bietet. Sie ist aber genauso eine Informationssendung. Wenn dem Zuhörer durch die Schilderungen eines Anrufers klar wird, dass er mit dem eigenen Problem oder Schicksal nicht alleine ist. Und: Wie viele Dinge waren in unserer Sendung schon zu hören, die für die meisten Menschen sicherlich völlig neu waren.
»Was hältst du von dem Thema ›An diesen Ort möchte ich nie wieder zurück‹?« frage ich Jürgen. »Klasse!«, erwidert er spontan. »Es gibt bestimmt viele, die mit einem ganz bestimmten Ort ein ganz bestimmtes gravierendes Erlebnis verbinden.« »Was könnten für Geschichten kommen?«, fragt Jürgen weiter.
»Es könnte die 17-Jährige anrufen, die vor ein paar Wochen von der Schule geflogen ist und diese jetzt konsequent meidet«, ist mein erster Einfall.
»Genau«, überlegt Jürgen, »oder der Motorradfahrer, der auf einer Landstraße einen schweren Unfall hatte und jetzt immer einen großen Umweg fährt, um ja nicht mehr an der Unglücksstelle vorbeizukommen.« Wir sind uns schnell einig. Dieses Thema müsste funktionieren. Ob die Sendung dann auch wirklich gut werden wird, weiß man vorher aber nie. Dafür hängt der Verlauf zu sehr vom Zufall ab. Kommen an diesem Abend auch die Menschen mit guten Geschichten bei uns durch? Im Gegensatz zu den täglichen Fernseh-Talkshows werden die Anrufer nicht vorher von uns recherchiert. DOMIAN lebt nur von denen, die uns am selben Abend zwischen 0 und 2 Uhr erreichen. Sie melden sich also freiwillig bei uns, wollen mit Jürgen reden und werden nicht mit Geld oder Übernachtungen in teuren Hotels angelockt.
»Wir brauchen noch ein Thema.«
Langes Schweigen.
»Lass uns doch mal überlegen, mit welchen Menschen du gerne redest«, ist mein erster Versuch, die Schweigephase zu beenden.
»Hm«, überlegt Jürgen, »du weißt ja, dass ich es immer wieder toll finde, mit ganz jungen Anrufern zu reden. Elf, zwölf oder dreizehn Jahre alt. – Aber eine ganze Sendung...?«
»Nee, und außerdem können die doch höchstens freitags anrufen. Wenn am nächsten Tag schulfrei ist.«
Obwohl uns in diesem Moment der 12-jährige Ben einfällt, der uns mal mitten in der Woche anrief. Ben lag unter seiner Bettdecke im Kinderzimmer und telefonierte mit einem Handy. Er erzählte gerade von seinen Problemen mit der Mathelehrerin, als plötzlich seine Mutter ins Zimmer kam. Wir hörten noch ein kurzes »Ich muss aufhören ... Meine Mutter ...«, dann brach das Gespräch ab.

»Ich würde ja gerne mal wieder eine ganze Sendung nur mit alten Menschen reden!« Jürgen hat dieses Leuchten in

den Augen. Zu gerne redet er mit 80-Jährigen, die noch großen Spaß am Sex und am Leben überhaupt haben. Das nimmt ihm immer ein Stück von seiner Angst vor dem Alter, vor Krankheiten.
»Ja. Sehr gut!«, erwidere ich spontan und beginne, unsere bisherigen Themen zu wälzen.
»Wir müssen einen passenden Titel finden. Nur ›Alte Menschen‹ können wir das Thema ja nicht nennen, und ›Sex im Alter‹ hatten wir vor gar nicht langer Zeit erst.«
Wieder Schweigen. Aber diesmal dauert es nicht lange, bis Jürgen eine Idee hat: »Je oller, desto doller!«
Doch wieder Schweigen. »Oder versteht man das nicht?«
»Ich glaube nicht. Wir müssen einen griffigen Titel finden, bei dem man sofort versteht, worum es geht.« Ich klappe die Lehne meines Stuhls bis zum Anschlag nach hinten und muss dann schmunzeln: »Durchgeknallte Alte!«
»Ja«, sagt Jürgen, »das ist es! Lass uns mit alten Menschen reden, die von sich sagen, dass sie völlig durchgeknallt oder ein wenig verrückt sind.« Wir sind beide sofort von dem Thema begeistert, und die Sendung wurde auch wirklich ein Highlight: Der 78-jährige Helmut und seine Frau stehen seit einigen Jahren auf Piercing und Intimrasur. Er trägt Ringe in Bauchnabel, Hodensack und Vorhaut. Sie in Brustwarzen und Schamlippen. Sie erfahren dadurch in ihrem Alter noch einmal einen ganz neuen Kick in ihrer Sexualität. Karla (70) hat eine Haushaltshilfe und seit einem Jahr mit deren Mann ein Verhältnis. Niemand weiß etwas davon.

Angefangen hatte alles, als er ihr eines Tages in die Badewanne half. Karla ist glücklich und denkt gar nicht daran, das Verhältnis zu beenden oder gar die Karten offen auf den Tisch zu legen. Und dann der Höhepunkt der Sendung: Lieselotte ist 93 Jahre alt! Und Lieselotte ist Wrestling-Fan! Keinen Kampf im Fernsehen lässt sie aus. Starke Männer faszinieren sie. Am meisten aber Hulk Hogan!
Der Gedanke, dass so alte Menschen unsere Sendung sehen, fasziniert uns. Wir fragen uns dann immer, was sie wohl denken mögen, wenn z. B. 20-Jährige von ihren sexuellen Vorlieben erzählen. In meiner Jugend gab's das nicht? Haben die denn heute überhaupt kein Schamgefühl mehr? Pfui? Pervers? – Nein! Wenn Jürgen mit sehr alten Menschen spricht, ergreift er oft die Gelegenheit und fragt sie danach. Die Antwort lautet dann fast immer: Ach Domian, wo erfahre ich denn mehr über das Leben und die heutige Jugend als bei dir? – Unsere Sendung hat keine feste Zielgruppe. Sie wird von 12-Jährigen genauso gesehen wie von 90-Jährigen. Und das macht uns schon ein wenig stolz.

Das heutige Domian-Team kommt

23:58 Uhr Noch immer sitzen wir uns gegenüber, noch immer ist es fast dunkel im Sendezentrum, noch immer spendet nur die Schreibtischlampe ein wenig Licht. Diese stimmungsvolle Atmosphäre wird jede Nacht zur selben Uhrzeit abrupt beendet. Die erbarmungslose Neonbeleuchtung geht an. Kurz vor Mitternacht trifft das DOMIAN-Team ein. Insgesamt besteht unser Team aus 21 Mitarbeitern. 11 Telefonisten, 5 Psychologen und 5 Realisatoren. Pro Sendung arbeiten immer drei Telefonisten, ein Psychologe und ein Realisator. Er bildet mit mir zusammen die Regie. Unsere Anrufer können grundsätzlich nicht sofort zu Jürgen in die Sendung gestellt werden. Sie werden immer von unserem Realisator zurückgerufen.

0:00 Uhr Es ist genau 0 Uhr, und bei *EinsLive* beginnen jetzt die Nachrichten. Jürgen guckt auf die große Digitaluhr unter der Decke und läuft dann schnell ins Studio. Kurz nach den Nachrichten macht er im Radio immer einen »Aufruf« (in der Radio-Fachsprache nennt man das »Teaser«), eine Ankündigung unserer heutigen Sendung und die Information, dass man ab jetzt bei uns anrufen kann.

Die Telefonisten beginnen mit ihrer Arbeit immer schon um 0 Uhr, also eine Stunde vor der Sendung. Wir nennen sie eigentlich »Rechercheure« und nur ungern »Telefonisten«. Ihr Job ist enorm wichtig für die Sendung und hat mit einem Telefonisten-Job herzlich wenig zu tun. Sie nehmen die Anrufe entgegen und müssen in einem mehr oder weniger kurzen Gespräch schnell entscheiden, ob sie den Anrufer mit seiner Geschichte in die Regie weitergeben oder nicht. Sie müssen

in der Lage sein, die wesentlichen und entscheidenden Fragen zu stellen. Die Telekom hat ermittelt, dass uns im Schnitt jede Nacht 40 – 60.000 Zuschauer versuchen zu erreichen. Von diesen Tausenden kommen ca. 100 bis 200 bei uns durch. 30 bis 70 pro Rechercheur. Sechs bis zehn landen dann schließlich in der Sendung. Ein Recherche-Gespräch dauert im Schnitt drei bis fünf Minuten. Das ist wenig Zeit. Die Geschichte muss dennoch klar hinterfragt werden, und wenn der Rechercheur sie gut findet, füllt er eine Karteikarte aus und gibt sie in die Regie. Von dort werden die Anrufer dann später zurückgerufen.

Unsere Sendung ruht auf drei Säulen: Telefon-Recherche, Regie, Moderation. Nur wenn alle drei Säulen optimal funktionieren, funktioniert auch die Sendung.

Jürgen beim Radio-Aufruf

Tim Stinauer, Rechercheur im DOMIAN-Team:
Meine Arbeit als Rechercheur beginnt dann, wenn sich im Kino die Spätvorstellung dem Ende nähert, wenn im Sommer die Biergärten ihre Pforten schließen und wenn Geburtstagskinder gerade in den schönsten Tag des Jahres reinfeiern – um Mitternacht.

»EinsLive DOMIAN, hallo!«, melde ich mich am Telefon. Es ist Mittwoch, es gibt also heute Abend kein festes Thema. Eigentlich arbeite ich lieber an den Tagen, an denen ein Thema vorgegeben ist. Denn da fällt es leichter, die Geschichten der Anrufer zu bewerten. Schließlich ist ja ein bestimmter Rahmen, in dem sich das Erzählte bewegen muss, schon von vornherein festgesetzt. Freitag ist meistens der schwierigste Tag in der Woche. Es rufen sehr viele junge Leute an, weil sie am nächten Tag keine Schule haben. Und die meisten von ihnen wollen einfach nur mal hören, wer sich unter der Nummer 0800–5678111 meldet, und legen dann schnell wieder auf. Soll vielleicht eine Art Mutprobe sein, ich weiß es nicht. Außerdem rufen freitags auffallend viele Handybesitzer an. Auch dafür habe ich keine Erklärung. Die Verbindungen sind meist schlecht, es ächzt und knackst in der Leitung. Ein vernünftiges Gespräch ist kaum möglich.

Es bleibt uns oft nichts anderes übrig, als die Leute zu bitten, aufzulegen und noch mal vom Festnetz aus anzurufen.
Zur Standardausrüstung eines DOMIAN-Rechercheurs gehört neben den Karteikarten ein so genanntes »Headset«, also ein Kopfhörer mit Mikrofon. Das ist sehr praktisch, weil man dann nicht ständig den Hörer auflegen und abheben muss. Natürlich braucht man Stift und Papier, um die Geschichte stichwortartig mitzuschreiben, und – damit die Stimme funktionstüchtig bleibt – eine Flasche Wasser.
Der heutige Abend beginnt mit vier Auflegern hintereinander. Dann irgendwann Corinna, 26 Jahre alt. Sie erzählt, dass sie heute Nachmittag vom Pferd gefallen ist und sich die Hüfte geprellt hat. Corinna hört sich sehr sympathisch an, ihre Geschichte würde aber in der Sendung wohl kaum Aufmerksamkeit erregen. Ich gebe ihr Anliegen nicht in die Regie weiter.
Dann Sabrina, 17 Jahre alt. Als ich sie nach ihrem Thema frage, fängt sie sofort an zu weinen. Sie bekommt lange keinen Ton heraus, presst dann irgendwann unter heftigem Schluchzen das Wort »Vergewaltigung« hervor. Das ist jetzt eine schwierige Situation und ein gutes Beispiel dafür, warum man als Rechercheur ständig konzentriert und aufmerksam sein muss. Eben ein harmloser Reitunfall und zehn Sekunden später vemutlich ein Vergewaltigungsopfer. Da ich selbst keine psychologische Ausbildung habe und Sabrina viel zu aufgelöst klingt, um sie mit Jürgen in der Sendung sprechen zu lassen, notiere ich ihre Nummer und informiere sofort unsere Psychologin, die für solche Fälle jeden Abend im Hintergrund bereitsteht.
Roland, der Realisator, kommt hektisch zu uns an den Tisch gestürmt: »Ich brauche dringend Anrufer!« Das ist genau der Spagat, der uns drei Rechercheuren, aber auch sonst allen, die an der Sendung mitwirken, gelingen muss: unter enormem Zeitdruck gute Geschichten herausfiltern, dabei aber jeden Anrufer ernst nehmen und obendrein notfalls auch Hilfe anbieten.
Ich habe Glück. Der nächste Anrufer hat eine wirklich ausgefallene Geschichte zu erzählen. Reinhard, 65. Nach dem Tod seiner Frau, so sagt er, hat er damit angefangen, ihre Unterwäsche anzuziehen. Das gibt ihm das Gefühl, seiner verstorbenen Frau ganz nah zu sein. Reinhard wirkt sehr aufgeräumt, sehr nett und ist ein guter Gesprächspartner. Das Recherchegespräch dauert gerade mal zwei Minuten, dann ist klar: Reinhard ist ein »Hinhörer«, er muss auf Sendung. Ich fülle die Karteikarte aus und erkläre darauf in Stichworten die Geschichte. Dann bedanke ich mich bei Reinhard für den Anruf und reiche die Karte schnell in die Regie weiter.

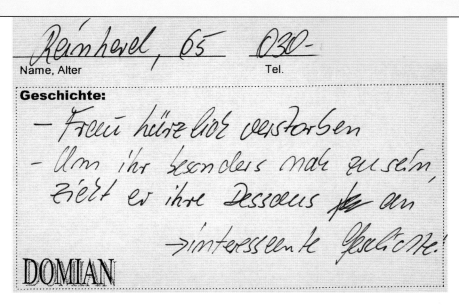

Die Karteikarte von Reinhard, 65

Dirk Bach (Schauspieler) über Domian: Jürgen, wir kennen uns seit über 20 Jahren. Du hast mich in deine erste Talkshow (in einem Café in der Kölner Südstadt) eingeladen. Ich war 19, saß mit Günter Lamprecht an einem Tisch und war so stolz. Beim nächsten Schritt, der legendären »Bunten Kuh« in der Wolkenburg, war ich wieder mit dabei und durfte sogar mit Hella einen Sketch spielen. Mittlerweile über 20, mit ganz viel Prominenz auf einer Bühne und wieder so stolz. Bei DOMIAN hast du mich dann sogar einmal zum Thema der Sendung gemacht, und ich konnte live am Telefon mitplaudern. Da war ich dann schon Mitte 30, du und deine Sendung Kult und ich wie immer so stolz. Nächstes Jahr werde ich 40. Hast du schon etwas Bestimmtes vor? Mach mich stolz!

Wir legen bei der Auswahl unserer Rechercheure keinen Wert auf psychologische Ausbildung. Journalistische Erfahrungen sind wichtig! Es geht uns darum, dass am Telefon Menschen sitzen, die ein Gespür für Geschichten und Typen haben. Und: Sie brauchen unbedingt eine sehr gute Allgemeinbildung. Anders wären sie gar nicht in der Lage, manche Themen unserer Anrufer richtig einzuordnen. Die Rechercheure sind im Grunde genommen die Visitenkarte unserer Sendung. Wie peinlich kann es werden, wenn sich ein Scientology-Aussteiger meldet, der Rechercheur aber noch nie etwas von dieser Sekte gehört hat und somit die Brisanz des Themas gar nicht erkennen kann.

Jürgen und ich führen deswegen mit unseren Rechercheuren lange Bewerbungsgespräche, in denen wir sie mit den verschiedensten Fällen konfrontieren. Also Themen, mit denen sich Anrufer melden

Rechercheur Jürgen Clemens (links) mit Realisator Peter Donaiskis

könnten. Wie reagieren sie zum Beispiel bei einer Anruferin, die gerade vor zwei Stunden vergewaltigt wurde und nun mit Jürgen sprechen will? Was fragen sie eine 62-jährige Frau, die noch nie in ihrem Leben einen Orgasmus erlebt hat? Wie bewerten sie das Thema des 42-jährigen Schlossers, der sich über den hohen Ausländeranteil in seiner Stadt beschweren will? Und unsere Lieblingsfrage: Wer ist Kurt Biedenkopf?

Rechercheure bei der Arbeit: Anja Schönhardt, Mark Sommer, Tim Stinauer

Die Karteikarten müssen schnell in die Regie

**Tim Stinauer,
Rechercheur im DOMIAN-Team:**
*Darauf hat mal ein Bewerber geantwortet: »Biedenkopf? Lebt der denn noch?« Wenige Wochen später brachte die CDU den Totgesagten als Schäuble-Nachfolger ins Gespräch.
Ich weiß zwar, dass Kurt Biedenkopf sächsischer Ministerpräsident und Querdenker der Union ist. Dafür tippe ich im Bewerbungsgespräch bei dem Namen »Leisler-Kiep« auf zwei fusionierte Automobil-Unternehmen. Erster dicker Minuspunkt. Dann simulieren Jürgen und Wolfram zehn Anrufer mit verschiedenen Anliegen.
Als erstes einen 26-jährigen Schlagerfreund. Er erzählt, dass er einen schönen deutschen Schlager auf Jürgen Domian geschrieben hat, den er ihm in der Sendung vorsingen möchte. Hört sich witzig an, finde ich. Ich hake nach, frage, worum es in dem Lied geht und ob er es auch instrumental begleiten kann. Der Song sei eine musikalische Parodie auf die Sendung. Und er könnte dazu auch auf der Gitarre spielen. Na, wenn das nichts ist! »Diesen Anrufer würde ich in die Regie weitergeben«, sage ich überzeugt. Jürgen und Wolfram verziehen keine Miene. War meine Entscheidung etwa falsch? Nein, aber ich hätte den jungen Mann unbedingt bitten sollen, mir das Lied probehalber einmal vorzusingen. Denn vielleicht hat er ja nur gebluftt! Zweiter Minuspunkt.
Dann die Frage, ob ich einen Skinhead auf Sendung lassen würde. Ich zögere kurz, entschließe mich dann für: »Ja, sofern man sich sachlich mit ihm unterhalten kann.« Wieder keine Reaktion. Vor allem Wolframs Pokerface irritiert mich und macht mich ein bisschen unsicher. Seltsam, denke ich. Zu Hause verfolge ich die Sendung DOMIAN regelmäßig. Ich glaubte bisher eigentlich immer, ganz genau zu wissen, welche Themen und Typen beim Publikum ankommen. Meine Reaktion auf den Skinhead, so höre ich später, war richtig.
Hinter Jürgens nächster Frage wittere ich eine fiese Falle: »Du kennst unsere Sendung ja. Hast du Veränderungsvorschläge? Gibt es etwas zu verbessern?« Was soll ich darauf antworten? Darf ich Kritik äußern? Muss ich sogar Kritik äußern? Mein diplomatisches Ausweichmanöver fällt dann in etwa so aus: »Die Sendung gefällt mir an und für sich eigentlich meistens sehr gut. Nur ... vielleicht kann man die Sendezeit ein ganz klein wenig*

*nach vorne verlegen?« Wolfram nickt. Ich glaube, das ist ein gutes Zeichen.
Ziemlich am Ende kommt die Frage, auf die ich gewartet habe: »Welche Zeitungen liest du denn? Und welche Nachrichtensendungen siehst du?« Geschickt glaube ich meinen Leisler-Kiep-Schnitzer vom Anfang wieder ausbügeln zu können und wähle daher die Antwort: »Die* Süddeutsche, *den* Kölner Stadt-Anzeiger *und den* Spiegel. *Dazu die* heute-Nachrichten *und die* Tagesthemen.« *Dritter (kleiner) Minuspunkt. Mindestens eine Boulevard-Zeitung oder ein TV-Boulevardmagazin sollte man schon regelmäßig lesen oder verfolgen. Schließlich kommen in der Sendung auch oft so genannte »Klatsch- und Tratsch-Themen« zur Sprache.
Nach dem Gespräch, geschlagene eineinhalb Stunden später, habe ich ein gemischtes Gefühl. Jürgen und Wolfram ziehen sich kurz zur Beratung zurück. Ich bleibe allein in dem großen leeren Konferenzraum sitzen. Verdammt ... ich hätte diesen Päderasten besser nicht anbieten sollen. Oder doch? Dafür vielleicht doch den Mann, der behauptet, Wolkenbilder deuten zu können?
Naja, es hat jedenfalls geklappt. Nach einer Probewoche habe ich den Job bekommen. Allerdings mit der Auflage, meine Allgemeinbildung auszuweiten. Das habe ich getan. Walter Leisler-Kiep ist übrigens der ehemalige Schatzmeister der CDU.*

In so einer Probewoche sitzen Jürgen und ich abwechselnd neben dem Kandidaten und hören jedes Gespräch mit. Wir erklären ihm, was er hätte besser machen können, wo er zu lang, wo er zu kurz telefoniert hat. Für mich ist so eine Probewoche äußerst anstrengend. Ich weiß aber, dass sie für die Kandidaten noch viel anstrengender ist. Sie sind aufgeregt, nervös und wollen ja nichts falsch machen.

00:06 Uhr Da tagsüber in unserem Studio andere *Eins-Live*-Sendungen produziert werden, müssen wir es jede Nacht neu herrichten. In einem Schrank an der hinteren Wand lagern die Studiorequisiten. Das Gehörn, das Modellauto, der weiße Porzellanhirsch, die Wasserflasche, der Mini-Bronze-Hirsch und das Telefonnummern-Schild. Früher gab es für das Gehörn einen richtigen Aufhänger. Aus richtigem Stahl und superstabil. Gott weiß, wer sich das Ding unter den Nagel gerissen hat. Jedenfalls war der superstabile Stahlaufhänger eines Tages kurz vor der Sendung verschwunden, und wir mussten uns schnell etwas anderes einfallen lassen. Da die hintere Studiowand eine Lochwand aus Eisen ist,

kam die vielleicht naheliegendste Idee (einfach einen Nagel reinhauen) von vornherein nicht in Frage. In unserer Not haben wir dann aus einer Büroklammer einen Haken gebogen. Und an dieser Büroklammer hängt das Gehörn noch heute.

Auch das Licht müssen wir jede Nacht neu einstellen. Andere Fernsehproduktionen haben dafür eigene Beleuchter. Wir drehen und dimmen unsere Deckenstrahler, bis alles so eingestellt ist, dass wir zufrieden sind. Man mag es vielleicht nicht glauben, aber Jürgens Gesicht wird von einer Schreibtischlampe angestrahlt. Für 20 DM in jedem Lampengeschäft zu kaufen. Wie oft haben wir schon völlig entnervt wertvolle Zeit mit der Tischhalterung dieser Lampe verplempert. Es gab doch früher diese todsicheren Schraubklemmen, die man kinderleicht an jedem Tisch anschrauben konnte. Unser Exemplar besitzt eine Halterung aus fünf (!) Teilen. Eine Fassung am unteren Ende des Lampengestells, eine lange Metallschraube, einen Plastikkeil, eine innere und eine äußere Mutter. Will man nun die Halterung am Tisch befestigen, muss man zunächst die innere Mutter millimetergenau an der langen Metallschraube justieren und dann die äußere Mutter über die innere Mutter ziehen. Jetzt steckt man die lange Schraube mit dem Plastikkeil (er muss über den Muttern sitzen) in das dafür vorgesehene Loch an der Fassung. Zwischen Fassung und Plastikkeil muss nun die Tischkante. Jetzt beginnt der eigentlich spannende Moment. Werden die beiden Muttern packen? Oder müssen wir wieder von vorne anfangen, weil die millimetergenaue Justierung der inneren

Jürgens Gesicht wird während der Sendung von einer Schreibtischlampe beleuchtet

Mutter doch nicht so millimetergenau war?
Eigentlich bin ich mir gar nicht mehr so sicher, ob man solch ausgebuffte Technik für nur 20 DM kaufen kann. Sicher bin ich mir aber, dass wir die preiswerteste Live-Sendung im deutschen Fernsehen sind.

00:13 Uhr »Lass uns was trinken gehen«, sagt Jürgen und sucht in seiner Hosentasche nach Kleingeld.
»Ich hab schon«, erwidere ich und zähle dabei die Groschen in meiner Hand. Der Weg zum Getränkeautomaten gehört zu unseren nächtlichen Ritualen. Er führt uns am Empfang vorbei zum anderen Ende der Etage. Es gibt in diesem Automaten fünf Tasten für Cola, je eine für Cola-Light, Wasser und Fanta und zwei für Apfelschorle. Apfelschorle ist unser Favorit. Nur leider sind die beiden Fächer nachts oft schon leer. Cola trinken wir grundsätzlich um diese Uhrzeit nicht. Viel zu groß ist die Gefahr, wegen des Koffeins später nicht schlafen zu können. Heute haben wir Glück und ergattern zwei Flaschen Apfelschorle!

Wir setzen uns in den *Kultkomplex*, einen kleinen Veranstaltungsraum mit wundervollem Blick über das nächtliche Köln. Hier verbringen wir immer die letzten 30 Minuten vor der Sendung. Heute ist es noch so warm draußen, dass wir uns zwei Stühle auf den Balkon stellen. »Sollen wir nicht mal wieder einen Prominenten in unsere Sendung einladen?« Ich lege die Füße auf das Balkongeländer und warte auf Jürgens erste Idee. Von Zeit zu Zeit machen wir so genannte Promi-Nächte. Unsere Zuschauer haben dann eine Stunde Gelegenheit, den Gast alles das zu fragen, was sie ihn immer schon mal fragen wollten. Hans Meiser war da, Ulla Kock am Brink, Stefan Raab, Max Schautzer, Ulrich Wickert, Arabella Kiesbauer, Bärbel Schäfer, Georg Uecker, Hella von Sinnen und Harald Schmidt. Sie treten bei uns ohne Gage auf und müssen sich die halbe Nacht um die Ohren schlagen. Das ist auch der Grund, weshalb es immer ein schwieriges Unterfangen ist, jemanden für unsere Sendung zu bekommen. Es gibt ein paar Personen, die Jürgen gerne

Letzte Stärkung vor der Sendung

Besprechung mit Apfelschorle

irgendwann mal im Studio neben sich sitzen hätte: Hildegard Knef, Verona Feldbusch, Boris Becker und Karl Lagerfeld.

Jürgen Domian über Hildegard Knef:
» Die Knef ist der einzige noch lebende deutsche Weltstar. Eine ungeheuer beeindruckende Frau: Schauspielerin, Sängerin, Malerin, Erfolgsautorin. Ich verneige mich vor ihr. Ein großes Interview mit ihr führen zu dürfen wäre für mich die allerhöchste Ehre.«

... über Verona Feldbusch:
»Von wegen: Verona ist doch nur ein dummes Ding. Ich halte sie für eine ziemlich kluge Frau, die intuitiv stets in die richtige Richtung geht. Zudem wird mir immer ganz anders, wenn ich sie umarme (geschah bisher vier Mal). Bei ihr vergesse ich glatt meine schwulen Neigungen.«

... über Boris Becker:
»Ich habe Boris privat leider noch nie getroffen. Er ist ein guter Typ. Was er sagt, hat Hand und Fuß. Und er hat Kanten und Ecken. Schon früher, als sich noch alle über den privaten Boris lustig gemacht haben, war er mir sympathisch.«

... über Karl Lagerfeld:
»Karl Lagerfeld ist eine so hoch interessante Person. Ich würde gerne eine Woche mit ihm in einer Gefängniszelle sitzen und Tag und Nacht reden.«

00:47 Uhr Jürgen holt sich aus dem kleinen Schrank im Studio seinen Puder und geht damit auf die Herrentoilette. Eine eigene Maskenbildnerin haben wir natürlich nicht, und so muss Jürgen selber Hand anlegen. Er macht das mindestens genauso professionell und sorgfältig. Nach über fünf Jahren und 1000 Sendungen Nacht für Nacht kein Wunder.

00:52 Uhr Der Countdown läuft. Bis zur Sendung sind es nur noch wenige Minuten. Was wird heute wohl in der Sendung passieren? Welche Geschichten mögen kommen? Und genau das macht die Sendung so spannend für uns. Wir wissen vorher nie, wie sie laufen wird. Ob sie gut

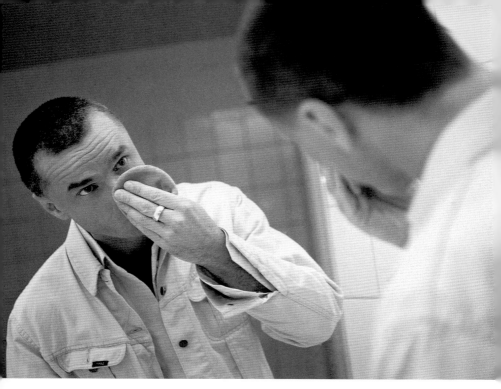

Jürgen pudert sich die Nase

Klaus Klenke (Regierungssprecher Landesregierung Nordrhein-Westfalen) über Domian: *DOMIAN in der Nacht – eine Bühne. Auf ihr finden die Gäste Gehör, gelegentlich Trost, immer Vertrauen, das erworben wurde. Auf dieser Bühne darf jeder kreativ, schräg, ängstlich, selbstbewusst, verträumt und versponnen sein; immer aber darf man ausreden. Auf der Nachtbühne von DOMIAN gibt es, Stunden entfernt vom Fast Food täglicher Talkshows, Antworten: bedachte, behutsame, aber auch forsche und klare. Niemals gibt es Ratschläge, weil man sich nah ist. Das kombinierte Radio- und Fernsehmedium wird nachdrücklich zum Hörkino im Kopf. Ich gehöre nicht zur Kernzielgruppe von DOMIAN, bin nur gelegentlicher, zufälliger Gast. Aber ich schätze das Angebot von DOMIAN an die vielen, die anrufen und manchmal ihre letzte Zuflucht beim Telefon finden. Aber auch für die, die zuhören, zusehen und darüber staunen, dass es noch Gespräche in den Medien gibt.*

oder schlecht, interessant oder langweilig, lustig oder traurig wird. Und obwohl wir manchmal denken, dass wir alles – wirklich alles – schon mal gehört haben, sitzen wir in schöner Regelmäßigkeit doch wieder da und denken: Das gibt's doch gar nicht! So etwas habe ich noch nie gehört! Wie schlimm! Wie lustig! Wie interessant!

Ich sitze in der Regie, neben mir unser Realisator Roland Lohr. Für das Zurückrufen hat er einen eigenen Computer und kann bis zu fünf Anrufer gleichzeitig in die Warteschleife legen. Wer zurückgerufen wird und in welcher Reihenfolge sie dann von Jürgen angesprochen werden, entscheide ich. Jürgen hat in seinem Studio links von sich ebenfalls einen Computer, auf dem er dann Name und Alter der Anrufer lesen kann. Mehr erfährt er vorher nie. Das ist ein wesentlicher Bestandteil unseres Konzepts. Je weniger Jürgen vorher von den Geschichten und Personen weiß, desto neugieriger fragt er nach.

00:55 Uhr In der Regie liegen bereits die Karteikarten von den Anrufern, die uns die Rechercheure bis jetzt gegeben

Roland Lohr, Jürgen und Wolfram Zbikowski am Regieplatz

haben. Roland hat sie inzwischen zurückgerufen und sich vergewissert, dass sie auch noch erreichbar sind. Manchmal kommt es vor, dass der ein oder andere inzwischen eingeschlafen ist oder doch nicht mehr mit Jürgen reden will. Ich entscheide, dass wir mit Reinhard (65) anfangen werden. Seine Geschichte scheint mir im Augenblick die beste und ungewöhnlichste zu sein.

00:58 Uhr Jürgen beugt sich über unsere Computer und fragt, ob schon interessante Geschichten da sind. »Sieht ganz gut aus heute«, antwortet Roland. Und sähe es anders aus, würden wir Jürgen das bestimmt so nicht sagen. Es ist ungeheuer wichtig, dass er mit einem guten Gefühl in die Sendung geht.

Jürgens Studiomonitor mit den ersten Anrufern

Nur noch wenige Sekunden. »Schöne Sendung!«, wünschen wir. Jürgen schaut auf die Uhr. »Oh ja. Ich glaub, ich muss rein.« Er schließt die Studiotür hinter sich und setzt sich auf seinen alten Chromhocker. Im Fernsehen beginnt der Vorspann. Auf unserem Kontrollmonitor in der Regie sehen wir, wie Jürgen sich die Jacke zurechtzieht. Das Mikrofon kommt ins Bild. Jürgen hustet noch zweimal kräftig. Dann beginnt die Sendung.

Stefan Raab (Entertainer) über Domian:
Lieber Jürgen!
Zuerst einmal herzlichen Glückwunsch zu deiner Sendung! Du bist meines Wissens der Einzige, bei dem man anruft und perverses Zeug quatscht, ohne dafür angezeigt zu werden. Außerdem hast du das Glück, dass der Name »Jürgen« ohnehin für Erfolg im TV steht. Jürgen Fliege, Big Brother Jürgen, Jürgen Aust oder Jürgen der Frosch. Allesamt Weltstars. Vielleicht nenne ich mich demnächst auch mal Jürgen, um in diese historische Liste aufgenommen zu werden.
Ich hoffe, dass du noch lange weitermachst, wer weiß, wo diese Leute sonst anrufen. Dann doch lieber bei dir!

DIE SENDUNG

Domian: Eine Telefon-Talkshow, so wie wir sie machen, ist für mich als Moderator die größte Herausforderung. Ich muss jede Nacht ins kalte Wasser springen. Ich weiß nie, was auf mich zukommt. Ich kann mich auf meine Gäste überhaupt nicht vorbereiten. Ich muss mit jeder Situation fertig werden.

Domian: Ihr Lieben, schön, dass ihr wieder dabei seid. Herzlich willkommen zu DOMIAN, herzlich willkommen zum *Eins-Live*-Talkradio. Und wie jeden Mittwoch heißt das: Ihr könnt euch mit allen Themen bei mir melden. Also: Über was habt ihr Lust, euch mit mir zu unterhalten? Die Telefonnummer, die ihr wählen müsst, lautet: 0800 / 5678 111. Faxen könnt ihr auch: 0800 / 5678 110. Beide Nummern sind für euch völlig kostenlos. Ich bin gespannt. – Los gehts mit Reinhard, 65 Jahre. Hallo Reinhard, was ist dein Thema?
Reinhard: Ich habe kürzlich meine Frau verloren.
(Gesprächspause)
Domian: Wann war das?
Reinhard: Vor zwei Monaten. Jetzt ist mein Problem: Ich ziehe immer ihre Unterwäsche an. Also ihre Dessous. Ich weiß nicht, ob das in Ordnung ist. Ich hab manchmal so schlechte Gefühle dabei und weiß nicht, ob das normal ist.
(Schweigen)
Domian: Ist deine Frau plötzlich gestorben?
Reinhard: Es ging sehr schnell.
Domian: An was ist sie gestorben?
Reinhard: Krebs.
Domian: Wie war denn das Verhältnis zu deiner Frau?
Reinhard: Sehr gut.
Domian: Wie lange ward ihr verheiratet?
Reinhard: 38 Jahre.

Domian: Hattet ihr denn noch eine relativ intakte Sexualität bis zuletzt?
Reinhard: Ja, das war so. – Ich bin vor zehn Jahren am Herz operiert worden. Während dieser Zeit war meine Aktivität nicht besonders ... ist ja verständlich. Aber nach zwei, drei Jahren war ich dann wieder mobil.
Domian: Hast du denn zu ihren Lebzeiten auch schon gerne Damenunterwäsche getragen?
Reinhard: Nein, erst jetzt nach ihrem Tod.
Domian: Du würdest also sagen, dass du früher ein ganz normaler Mann warst? Was man so »normal« nennt.
Reinhard: Ja, ich habe natürlich die Reizwäsche **an ihr** gemocht. Sie trug an sich ganz übliche Dessous. In den jüngeren Jahren waren auch schon mal außergewöhnlichere Sachen dabei.
Domian: War deine Frau in deinem Alter?
Reinhard: Sie war zwei Jahre jünger.
Domian: Hat sie die Reizwäsche bis zum Schluss getragen?
Reinhard: Ja.
Domian: Wann hast du denn damit angefangen sie anzuziehen?
Reinhard: Ich habe nach ihrem Tod erst mal alles sortiert und einen großen Teil weggegeben. Zwei oder drei von diesen Dessous habe ich aber zurückbehalten.
Domian: Sie ist vor zwei Monaten gestorben. Wann hast du ihre Dessous zum ersten Mal angezogen?
Reinhard: Vor vier Wochen.
Domian: Warum ziehst du sie an? Reizt es dich sexuell?
Reinhard: Ja, auch.

Domian: Du sagst »auch«... Was denn noch?
Reinhard: Ich onaniere dann dabei, wenn ich sie trage ...
Domian: Gut, das ist die sexuelle Komponente. Was ist das andere?
Reinhard: Ja, wenn ich das anhabe, fühle ich ihre Hautnähe. Ich hab die Dessous auch noch nicht gewaschen. Ich fühle immer noch ihren Körpergeruch.
Domian: Weißt du Reinhard, als du das gerade erzählt hast, zuckte ich innerlich so ein bisschen zusammen und dachte: Wie kann der Mann das machen? Die Frau ist gerade mal zwei Monate tot. Und ich bin ganz sicher, dass ganz viele unserer Zuschauer auch so empfunden und gedacht haben. – Aber ich möchte es doch ganz anders beurteilen. Ich finde es eigentlich überhaupt nicht verwerflich. Wenn das deine Form ist, mit der Trauer umzugehen und dir so deine Frau wieder näher zu bringen. Auch in sexueller Hinsicht. Ihr wart 38 Jahre verheiratet und hattet eine gute Sexualität. – Warum also nicht? Sie wäre bestimmt nicht böse auf dich.
Reinhard: Nein, das glaube ich auch nicht.
Domian: Und sie sitzt bestimmt nicht oben im

Himmel und droht dir mit dem Zeigefinger.
Reinhard: Nein, das glaube ich auch nicht.
Domian: Ich finde, dass du die Achtung vor der Toten damit nicht im Geringsten verletzt.
Reinhard: Meinst du nicht?
Domian: Ich bin absolut sicher.
Reinhard: Ich habe ihr Bild immer in Reichweite. Morgens küsse ich ihr Bild. Ich hab da noch einige andere Sachen von ihr hängen, sei es nur ein Schal oder eine Jacke. Das gucke ich mir immer jeden Morgen an und denke, sie sitzt noch neben mir.
Domian: Habt ihr Kinder?
Reinhard: Ja, vier.
Domian: Helfen die dir ein wenig, mit der Trauer umzugehen? Oder hast du das Gefühl, alleine damit zu sein?
Reinhard: Nein, ich werde doch schon sehr von meinen Kindern unterstützt.
Domian: Du hast den Kindern aber nichts von den Dessous erzählt?
Reinhard: Nein.
Domian: Wie würdest du denn deine 38-jährige Ehe beschreiben?
Reinhard: Sicherlich hat es Höhen und Tiefen gegeben. Es ist nicht alles Friede, Freude, Eierkuchen gewesen. Aber im Großen und Ganzen haben wir uns sehr geliebt.
Domian: Ich stelle es mir so schmerzlich vor, einen Menschen zu verlieren, mit dem man Jahrzehnte gut gelebt hat.
Reinhard: Ja, und es ging alles so schnell. Es dauerte im Prinzip nur ein halbes Jahr.
(Gesprächspause)
Domian: Ich möchte auf die Dessous zurückkommen. Was genau geht in dir vor, wenn du sie anhast, wenn du es dann tust?
Reinhard: Währenddessen bin ich gedanklich ganz nah bei ihr. Ich stelle mir dann den ganzen Ablauf unserer früheren Sexualität vor.
Domian: Du denkst ausschließlich an deine Frau?
Reinhard: Ja, natürlich!
Domian: Du hast dabei aber auch ein ungutes Gefühl?
Reinhard: Ja, manchmal denke ich, das ist nicht ganz normal.
Domian: Weißt du Reinhard, es ist vollkommen egal, was normal ist. Richtig ist das, was dir hilft und wobei du dich gut fühlst. So bist du deiner Frau nahe, und so kannst du die Trauer verarbeiten. Insofen ist es auch nicht verwerflich. Mache es weiter, wenn du es möchtest.
Reinhard: So habe ich sie immer in unmittelbarer Nähe. Ich bin ja den ganzen Tag gedanklich bei ihr, aber wenn dann abends die stillen Stunden kommen, dann hat man ja auch den Wunsch nach Sexualität, und wenn ich die Dessous trage, sind wir uns ganz nahe.
Domian: Kommt das eigentlich sehr oft vor? Täglich?
Reinhard: Das kommt auf

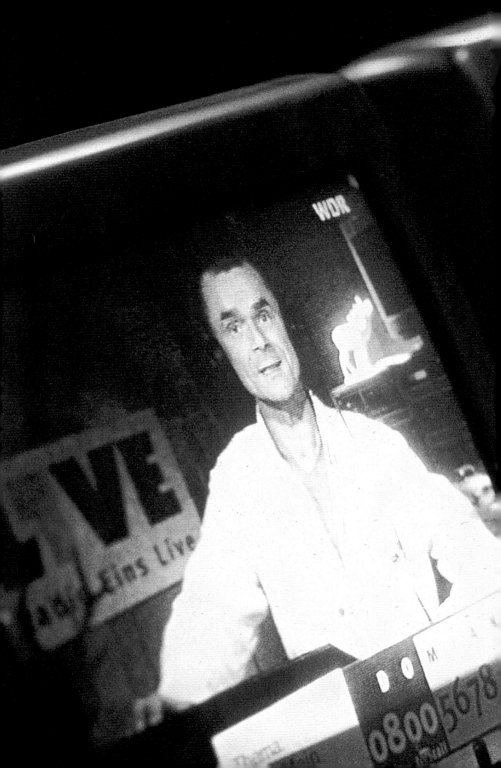

meine körperliche Verfassung an. Nicht täglich.
Domian: Nochmals, Reinhard. Ich finde, dass du dir kein schlechtes Gewissen machen musst.
Reinhard: Meinst du wirklich?
Domian: Ja, ich sehe es ganz ehrlich so.
Reinhard: Deswegen habe ich ja auch angerufen. Ich wollte mal wissen, wie das ein anderer Mensch sieht.
Domian: Und ich bin sicher, dass deine Frau nichts dagegen hätte, wenn sie es wüsste. Und ... *(Pause)* vielleicht weiß sie es ja auch und zwinkert dir von oben zu. Alles Gute, Reinhard.

Die Rechercheure Sandra Anders, Jürgen Clemens und Marion Fongern (von links) und Realisator Jan Hölz (stehend)

Domian: *Ich habe durch meine Sendung gelernt, manchmal von einer Minute auf die andere, die eigenen Moralvorstellungen in Frage zu stellen oder einzelne sogar über*

André Eisermann (Schauspieler) über Domian: Es war ein anstrengender Drehtag. Völlig erschöpft lag ich auf dem Bett in meinem Hotelzimmer, die Fernbedienung in der Hand. Beim Zappen durch die Programme blieb ich bei DOMIAN hängen. Wie so oft. Ein Anrufer namens Frank erzählte etwas völlig Abgefahrenes. Von dem ich vorher noch nie gehört hatte: Frank ist eine »multiple Persönlichkeit«. Er springt von einer Sekunde auf die andere in ein anderes Ich. Plötzlich war er nicht mehr Frank, sondern Astrid, sprach wie eine Frau. In der nächsten Minute war er ein Kind, sprach auch wie ein Kind. Faszinierend! Dieses Gespräch beschäftigt mich noch heute. So sehr, dass ich gerne einen Film über dieses Thema machen möchte. Ich kann mir keinen anderen Talker im deutschen Fernsehen vorstellen, der das Gespräch hätte besser führen können. Jürgen Domian ist ein unglaublich sensibler Mensch und Frager. Seine Interviews sind so beeindruckend intensiv, seine Talkshow ist spannender als jede andere.

Bord zu werfen. Das Gespräch mit Reinhard ist dafür ein Beispiel. Am Anfang war ich irritiert, beinahe entsetzt. Später aber wurde mir sein Verhalten verständlich, und ich fand es akzeptabel.

01:11 Uhr Ich habe das Gespräch gespannt mitverfolgt, obwohl unsere Rechercheure inzwischen fünf neue Karteikarten in die Regie gebracht haben und ich diese schnell lesen und einordnen musste.
Roland telefoniert gerade mit einem der nächsten Interview-Gäste, als mir unser Rechercheur Mark Sommer etwas ins Ohr flüstert. »Kannst du mal an mein Telefon kommen? Da will sich jemand beschweren, dass die Sendung am Freitag so spät angefangen hat.« Ich gehe mit Mark an den Rechercheplatz und setze mich an sein Telefon.
Redakteur: Zbikowski. Guten Abend.
Anrufer: Arnolds ist hier, Werner Arnolds. Ich wollte mal ein bisschen Dampf ablassen. – Mit wem spreche ich denn überhaupt?
Redakteur: Zbikowski ist mein Name, ich bin der verantwortliche Redakteur der Sendung.
Anrufer: Das ist gut. Hören Sie mal, am Freitag fing Ihre Sendung doch wieder später an. Richtig?
Redakteur: Richtig. Neun Minuten.
Anrufer: Hören Sie mal, wieso wird denn dem Domian immer Sendezeit geklaut? Und warum darf der dann nicht wenigstens hinten die neun Minuten überziehen? Das machen die anderen doch auch.
Redakteur: Am Freitag gab es im WDR-Fernsehen eine aktuelle Sondersendung. Deswegen haben sich alle nachfolgenden Sendungen um neun Minuten verschoben. Manchmal kommt es auch vor, dass ein Spielfilm ein wenig länger dauert.
Anrufer: Ach so. Aber warum fangt ihr im Radio dann schon an? Da verpassen wir doch die Hälfte. Im Radio kann ich euch hier doch nicht empfangen.
Redakteur: Ich kann verstehen, dass Sie das ein wenig ärgert. Aber wir müssen auch an unsere Radiohörer denken. Die sitzen ja auch um Punkt 1 Uhr an den Radiogeräten. Und wenn wir nur wenig, bis drei Minuten, Verspätung haben, warten wir auf das Fernsehen. Wird's später, fangen wir im Radio dann aber schon an.
Anrufer: Ja gut, und wieso kann der Domian die paar Minuten nicht hinten dranhängen?
Redakteur: Das liegt einfach daran, dass der Sendebetrieb beim Fernsehen nachts voll automatisiert ist. Das heißt, es arbeiten dort, bis auf eine Notbesetzung, keine Techniker mehr. Alles wird von einem Computer gesteuert. Wir sind ja hier beim Hörfunk,

Redakteur und Realisator während der Sendung

und das Fernsehen schaltet sich nur zu. Um Punkt 2 Uhr schmeißt der Computer uns aus dem Programm. Ob wir wollen oder nicht.
Anrufer: Hm ... Warten Sie mal, wenn ich Sie schon mal dran habe, kann ich ja gleich noch etwas anderes fragen. Letzten Mittwoch hat doch diese eine Frau da dem Domian was von einer ganz tollen Selbsthilfegruppe erzählt. Wieso könnt ihr so eine Adresse nicht mal schnell einblenden?
Redakteur: Das hat im Prinzip genau den gleichen Grund. Nachts ist der Sendebetrieb beim Fernsehen voll automatisiert, und es gibt nur noch eine Notbesetzung dort. Der Kollege kann und darf aber keine Einblendungen machen. Wir können das hier aus unserem Hörfunkstudio sowieso nicht.
Anrufer: Hm ...
Redakteur: Seien Sie mir bitte nicht böse, aber ich muss dringend wieder an die Arbeit.
Anrufer: Klar. Danke für die Auskunft.

Ich gehe wieder zurück in die Regie und nehme gleich noch ein paar neue Karteikarten von den Rechercheuren mit. Wenn wir Journalisten zu Besuch haben, werden wir immer gefragt, nach welchen Gesichtspunkten wir die Sendung gestalten, wie die Dramaturgie festgelegt wird. Die Antwort ist ganz einfach. Es gibt keine Dramaturgie. Wir versuchen immer, mit der besten Geschichte, die gerade vorliegt, weiterzumachen. Dahinter steckt die Überlegung, dass wir zu dieser verrückten nächtlichen Stunde jede Minute Zuschauer verlieren. Die nämlich, die ins Bett gehen. Wie kann man diese Zuschauer wach halten? Man darf sie einfach nicht einschlafen lassen! Und das funktioniert nur, wenn man nach einer guten Geschichte noch eine gute Geschichte platziert. Natürlich gibt es aber auch Fälle, in denen wir nicht einfach mit jedem Thema weitermachen können. Wie dämlich und unwichtig würde einem ein Gespräch über skurrile Liebesspielzeuge vorkommen, wenn gerade vorher ein Anrufer von seiner tödlichen Krankheit erzählt hat. Und darüber hinaus können wir auch Jürgen so eine gefühlsmäßige 180-Grad-Drehung nicht zumuten.

Domian: Der nächste Anrufer ist Bernd, 31 Jahre alt. Hallo Bernd.
Bernd: Hallo Domian. Du wirst es vielleicht nicht glauben, aber ich bin süchtig nach Pralinen.
Domian: *(schmunzelt)* Nach Pralinen?
Bernd: Hört sich vielleicht witzig an. Ist es aber gar nicht.
Domian: Entschuldige bitte, wenn ich ein wenig lache.
Bernd: Ja, aber mir geht es gar nicht so gut.
Domian: Wie viel Pralinen isst du denn am Tag?
Bernd: Ich esse über den Tag verteilt fast ein Kilo.
Domian: *(sehr erstaunt)* Ein Kilo Pralinen?
Bernd: Ja, richtig.
Domian: Jeden Tag?
Bernd: Andere Leute brauchen morgens ihren Kaffee oder eine Zigarette. Ich brauche dann schon Pralinen.
Domian: Ich stelle mir gerade die Menge vor. Wie viel passt in so eine normale Schachtel?
Bernd: 500 Gramm.
Domian: Was für Pralinen bevorzugst du denn?
Bernd: Egal. Ich habe einen Freund, der mir die besorgt. Schon wegen der Kosten ...
Domian: Wie? Der schenkt dir die?
Bernd: Nein, ich bezahle die schon. Ich lebe von Sozialhilfe. Er bekommt die halt billiger. Ich kann unmöglich den vollen Preis bezahlen.
Domian: Wie viel gibst du im Monat für Pralinen aus?
Bernd: Etwa 500 DM.
Domian: 500 DM für Pralinen?! Und warum Pralinen und nicht eine Tafel Schokolade?
Bernd: Die nehme ich zwischendurch auch schon mal gerne. Aber sonst lieber Pralinen. Wenn mal gar nichts mehr da ist, tut es auch eine Tüte Chips.
(Pause)
Domian: Bernd, wie viel wiegst du?
Bernd: 210 Kilo.
Domian: 210 Kilo???
Bernd: Ja, richtig.
Domian: Puhh ...
Bernd: Ich habe aber schon ein wenig abgenommen.
Domian: Wie lange geht das denn schon so?
Bernd: Ich bin seit zehn Jahren übergewichtig, seit fünf Jahren esse ich von morgens bis abends diese Pralinen.
Domian: Du isst nie mal einen Apfel oder ein Steak?
Bernd: Nein, gar nicht. Kriege ich nicht mehr runter.

Domian: Aber wie kann man denn so leben? Davon wird man doch krank?
Bernd: Ich bin krank.
Domian: Du musst doch mittlerweile sogar schwerstkrank sein ... Seit fünf Jahren isst du nur noch Pralinen???
Bernd: Ja, seit fünf Jahren esse ich von morgens bis abends nur noch diese Pralinen.
Domian: Das kann ich gar nicht glauben. Kann ein Mensch fünf Jahre nur von Pralinen leben?
Bernd: Ja. Meine Freunde mussten mir auch schon die Wohnung umstellen. Ich habe eine Spezialmatratze und alles, was ich brauche, um mich herum. Ich traue mich nicht mehr raus ... Ich musste mein Auto abgeben. Das wurde zu klein. Ich gehe nur noch superselten mal nach draußen.
Domian: Bernd, ich muss noch mal auf den Ernährungsaspekt zurückkommen. Du hast seit fünf Jahren kein Brot oder Fleisch gegessen?
Bernd: Nein, gar nichts.
Domian: Kein Gemüse?
Bernd: Nein, ich habe zwischendurch mal eine Therapie gemacht. Da musste ich Tabletten nehmen. Das war das Einzige.
Domian: Ich bin im Moment völlig ratlos und entsetzt, weil ich mir nicht vorstellen kann, dass ein Mensch das ertragen kann. Dass man das überhaupt überleben kann. – Woher bekommst du deine Vitamine und Mineralstoffe?
Bernd: Ich habe keine mehr. Ich bin schilddrüsenkrank, meine kompletten Gelenke sollten operiert werden. Ich habe aber Angst vor der Operation. Der Arzt hat gesagt, dass es aufgrund meines Gewichts erhebliche Risiken gibt. Ich bin eigentlich so weit ... Ich will nicht mehr. So lange ich noch essen kann, esse ich.
Domian: Was sagt dein Arzt denn überhaupt zu der ganzen Misere?
Bernd: Er meint, dass das an meiner Kindheit liegt.
Domian: Na gut, das hilft dir jetzt ja auch nicht weiter.- Weiß der von deiner Pralinensucht?
Bernd: Ja, das weiß er.
Domian: Hat er dir denn nicht mal einen Klinikaufenthalt empfohlen?
Bernd: Doch. Ich war schon ein Jahr in Therapie. Es hat alles nichts gebracht. Ich war auch in Selbsthilfegruppen ...
Domian: Warst du in einer psychosomatischen Klinik?
Bernd: Nein, das nicht.
Domian: Aber warum nicht?
Bernd: Ich habe Angst. Ich weiß nicht, was mich da erwartet.
Domian: Ich bin weder Mediziner noch Psychologe. Aber ich könnte schwören, dass du nur mit einer langen stationären Behandlung noch eine Chance hast.
Bernd: Mag sein, aber die Therapie hat ja auch nichts gebracht. Was könnten die mir in einer Klinik noch helfen?
Domian: Mensch, du hast es doch gar nicht ausprobiert!

Bernd: Ich habe Angst vor so einer Klinik. Ich weiß nicht, wie ich da leben, wie ich da behandelt werde.
Domian: Aber Bernd, was ist die Alternative? Ich sag es jetzt mal ganz brutal: Dass du fett zu Hause stirbst.
Bernd: *(leise)* Ja.
Domian: Ist das weniger schlimm als die Angst vor der Klinik?
Bernd: Ich hab halt Angst.
Domian: Ich verstehe es nicht. Wovor hast du denn Angst?
Bernd: Ich weiß nicht, wie ich da behandelt werde.
Domian: Ich bin sicher, dass du ordentlich behandelt wirst.
(Bernd seufzt und holt tief Luft)
Domian: Du hast seit zehn Jahren Übergewicht?
Bernd: Ja.
Domian: Wie warst du denn bis zu deinem 20. Lebensjahr? Warst du ein ganz normaler Junge?
Bernd: Na ja, ich bin immer schon 165 cm groß gewesen und hatte damals fast mein Idealgewicht. Ungefähr 70 oder 75 Kilo. Ich habe früher Sport gemacht und war im Fussballverein.
Domian: Wie kam es denn, dass dann plötzlich alles anders wurde?
Bernd: Na ja, die Hosen wurden enger, und ich habe mir dann neue gekauft. Nach zwei Wochen wurden die dann wieder zu eng, und ich habe mir wieder neue geholt. So ging das immer weiter und weiter. Bis ich dann gemerkt habe, dass ich eine Größe habe, die schon unzumutbar ist. Ich musste dann natürlich irgendwann in Spezialgeschäfte.
Domian: Verstehe, du hast dann mit der Zeit kontinuierlich zugenommen. Hast du noch Eltern?
Bernd: Nee, hab ich nicht mehr.
Domian: Wann sind die gestorben?
Bernd: Mein Vater ist vor 15 Jahren gestorben und meine Mutter vor 21 Jahren.
Domian: Wo bist du aufgewachsen?
Bernd: Bei meiner Tante. Ich lebe immer noch bei ihr. Sie hat ein Häuschen, und ich bin sozusagen der Nebenmieter.
Domian: Dann hat sie aber noch Kontakt zu dir ...
Bernd: Nur noch ganz wenig. Sie stellt meinen Müll raus und bringt mir die wichtigste Post. Das war's dann auch.
Domian: Hast du, als du noch relativ fit warst, etwas gelernt?
Bernd: Ich bin Elektroinstallateur.
Domian: Und wann hast du deinen Beruf aufgeben müssen?
Bernd: An meinem ... 25. Geburtstag.
Domian: Und dann fing das mit den Pralinen an?
Bernd: Ja, meine netten Arbeitskollegen haben mir damals selber Pralinen geschenkt und haben mich dann verspottet.

Domian: Was trinkst du am Tag?
Bernd: Ich trinke Wasser.
Domian: Also nicht auch noch Cola?
Bernd: Nein, gar nicht. Nur noch Wasser.
(Pause)
Domian: Also, mir gehen tausend Sachen durch den Kopf. Ich kann das gar nicht kapieren, wie man fünf Jahre nur Pralinen essen kann. Wie ist das denn mit deiner Verdauung? Kannst du überhaupt noch normal aufs Klo gehen?
Bernd: Na ja, deswegen auch das große Bett. Ich habe einen Dauerkatheder, und mit der Krankenkasse wird jetzt verhandelt, ob ich einen Rollstuhl verschrieben bekomme.
Domian: Also der Katheder ist für den Urin?
Bernd: Ja, richtig.
Domian: Ich muss dich jetzt mal so indiskret fragen: Kannst du denn das große Geschäft normal absolvieren?
Bernd: Schwierig, schwierig. Ich hatte schon drei Darmöffnungen. Sonst wäre das auch gar nicht mehr möglich.
Domian: Das heißt, man hat dich operieren müssen, damit du den Darm entleeren konntest?
Bernd: Ja, richtig.
Domian: *(atmet tief durch)* Das ist ja hochdramatisch ... Was du mir da erzählst ...
(Gesprächspause)
Domian: Warum hast du heute abend bei mir angerufen?
Bernd: Ich schaue jeden Abend deine Sendung und habe auch schon oft probiert, bei dir durchzukommen. Ich habe mir halt gedacht, dass mir das so ein wenig Antrieb geben könnte. Um vielleicht doch noch mal eine Therapie zu machen ...
Domian: Also du hast dich noch nicht ganz aufgegeben!?
Bernd: Nein, noch nicht. Ich will schon noch den Weg suchen. Aber es ist so verdammt schwer.
Domian: *(atmet noch mal tief durch)* Du bist 31 Jahre alt. Ich kann mir vorstellen, dass du früher ganz normale Lebensträume hattest, wie du gerne leben möchtest.
Bernd: Ja, ja.
Domian: Beschreib mir das mal. Was waren deine Wünsche?
Bernd: Ich wollte eigentlich immer Frau und Familie ... Ich wollte meiner Familie etwas bieten ... *(beginnt zu weinen)* Urlaub machen.
(lange Gesprächspause)
Domian: *(energisch)* So. Dieses ist alles noch möglich, Bernd!
(wieder Pause)
Domian: Dieses ist alles noch möglich. Du kannst auch noch mit 35 oder 40 Jahren eine Familie gründen. Dafür musst du allerdings etwas tun. Und ich habe auch den Eindruck – so, wie du mir das geschildert hast –, dass du dich auch sehr gehen lässt. Und, dass du sehr undiszipliniert mit dir umgegangen bist. *(Bernd weint immer noch)* Mir ist klar, dass du

das alleine nicht in den Griff bekommst. Warum trittst du dir nicht in den Hintern, um einfach Hilfe zu finden?
Bernd: Hört sich einfach an. Ich hab aber nur zwei Freunde.
Domian: Nein, deine Freunde können dir auch nicht helfen.
Bernd: Ich komme alleine doch gar nicht raus, Domian.
Domian: Ja, klar. Es muss jetzt aber alles eingefädelt werden. Du musst in eine Klinik. Da gibt es gar nichts zu diskutieren. Wenn es gut organisiert und vorrecherchiert ist, bin ich ganz sicher, dass du in der Klinik ordentlich behandelt wirst. Es gibt so gute psychosomatische Kliniken mit tollen Psychologen.
Bernd: *(schluchzend)* Ja ...
Domian: Das ist deine einzige Chance. Sonst bist du in kürzester Zeit tot.
(Gesprächspause)
Bernd: *(sehr leise, aber nicht mehr weinend)* Ja ...
(Gesprächspause)
Domian: Du bist doch schon halb tot. So, wie du es mir geschildert hast.
(lange Pause, Bernd beginnt wieder zu weinen)
Domian: Du hast doch noch eine Chance. Und weißt du, was ich glaube? Die Tatsache, dass du hier angerufen hast, ist doch der allererste Schritt. Du hast doch das Gespräch gesucht. Das ist ein Anfang, Bernd. Glaube mir, ich habe so viel Briefe von Leuten bekommen, die mir geschrieben haben, dass der Anruf hier bei mir der erste Schritt war: Mir geht es heute wieder gut, und ich bin so froh, dass ich bei dir einen Anfang gemacht habe.
Bernd: *(wieder gefasst)* O. K., ich werde es noch mal probieren.
Domian: Jetzt lass ich dich aber nicht alleine. Du weißt, dass ich hier eine Psychologin habe. Das ist heute die Elke Donaiski. Und du wirst jetzt mit Elke dezidiert besprechen, wie du das Ganze angehen kannst.
Bernd: Ich danke dir, Domian.
Domian: Ich wünsche dir alles, alles Gute.
Bernd: Tschüss Domian.

Domian: Seit diesem Gespräch muss ich, immer wenn ich Pralinen esse, an Bernd denken. Was der Mensch alles auszuhalten imstande ist. Ich wünsche ihm so sehr, aus dieser grauenhaften Sucht herauszukommen; wünsche, wenn es ihm denn helfen würde, alle Pralinen der Welt auf den Müll.

Elke Donaiski, Psychologin im DOMIAN-Team:
Ich habe das Gespräch mit Bernd entsetzt mitverfolgt. Wie kann dieser Mensch überhaupt noch leben? Ich hatte zwar vor Jahren von einem ähnlichen Fall gehört; aber fünf Jahre nur Pralinen? Das hatte ich bis eben nicht für möglich gehalten. Ich lasse mir von Wolfram Bernds Telefonnummer geben und rufe ihn schnell zurück. Er wirkt immer noch ziemlich aufgelöst und bedankt sich erst einmal, dass er mit Jürgen sprechen konnte. In seiner
Sendung gibt Jürgen oftmals Tipps. Tipps, wie er, Jürgen Domian, sich in verschiedenen Lebens- oder Problemsituationen verhalten würde. Und das ist auch gut so. Die Anrufer wollen ja mit einem Menschen wie du und ich reden, seine Meinung hören und haben nach über fünf Jahren DOMIAN zum Teil eine einseitige Bekanntschaft zu ihm aufgebaut. Sie glauben, ihn zu kennen. Mit all seinen Erfahrungen und all seinen Macken. Sie glauben zu wissen, wie er in bestimmten Situationen reagiert. Sie glauben zu wissen, wann er lobt und wann er tadelt. Wir Psychologen geben keine konkreten Tipps. Wir versuchen, durch geschicktes Fragen die Leute dazu zu bringen, dass sie die Antworten selber finden und dadurch ihre eigenen Lösungen erarbeiten. Und: Wir versorgen sie mit hilfreichen Adressen.
Ich frage Bernd also, wie er sein jetziges Leben empfindet. Ist er zufrieden? Was vermisst er? Wie ist er in diese scheinbar ausweglose Situation geraten? Und die wichtigste Frage: Was müsste passieren, dass es ihm ein bisschen besser geht? Seine zittrige Stimme verrät mir, dass er sich keinesfalls mit seiner derzeitigen Lage abgefunden hat. Immerhin hat er ja auch zu Jürgen gesagt, dass er nach einem Lösungsweg sucht. Aber es sei so verdammt schwer. Am Ende unseres Gesprächs habe ich den Eindruck, dass er eigentlich weiß, was zu tun ist. Eben aber nicht weiß, wie er das schaffen soll. Obwohl bereits eine Therapie fehlgeschlagen ist, will er es noch mal versuchen. Ich hoffe, er kriegt die Kurve.
Bis jetzt verlief der Abend für mich relativ ruhig. Endlich hatte ich mal wieder die Möglichkeit, etwas von der laufenden Sendung mitzubekommen. Jürgen ist darüber immer froh. Kann er uns Psychologen doch so in der Nachbesprechung nach unseren Eindrücken zu den Interviews fragen. Jetzt allerdings sieht es so aus, als würde die Nacht doch noch hektisch werden. Von unserem Rechercheur Mark Sommer bekomme ich eine Telefonnummer mit dem Hinweis, dass dieser Anrufer sich jetzt das Leben nehmen will. Er habe bereits Schlaftabletten geschluckt und beabsichtige

nun, eine weitere Dosis nachzulegen. Ich suche mir einen ruhigen Raum und rufe schnell zurück. Am anderen Ende meldet sich eine leise Männerstimme. »Wer ist da?«
In einer für den Anrufer kritischen Situation muss man besonders schnell einen »Draht« zu seinem Gegenüber bekommen.
»Ich bin die Elke vom DOMIAN-Team«, sind also meine ersten Worte. Schweigen.
»Kannst du mir deinen Namen sagen?« Wieder Schweigen.
»Ich möchte deinen Namen wissen, damit ich dich ansprechen kann«, ist mein zweiter Versuch.
Dann endlich leise: »Ich will nicht mehr. Das hab ich deinem Kollegen doch auch schon gesagt. Die zweite Dosis hab ich auch schon drin.«
Ich weiß zwar, dass es sich um Schlaftabletten handelt, frage aber dennoch: »Was für eine Dosis?«
Die leise Männerstimme haucht etwas in den Hörer, das ich nicht verstehe. »Kannst du das noch mal wiederholen. Ich hab's nicht verstanden.«
Dann etwas lauter: »Eine ... Schachtel Schlaftabl ...«
Während ich versuche, irgendwelche Sätze aus ihm herauszubekommen, winke ich Wolfram zu mir herüber. Wir haben für solche Fälle ein besonderes Zeichen verabredet. Ich gebe ihm die Telefonnummer, und er benachrichtigt sofort die Polizei. Sie kann anhand der Nummer schnell den Anrufer ausfindig machen. Wolfram erklärt der Polizei kurz die Lage und drängt darauf, schnell einen Rettungswagen zu der Wohnung zu schicken. Wir dürfen keine Zeit verlieren. Zum Glück deutet die Vorwahl seiner Nummer darauf hin, dass der Anrufer in einer Großstadt wohnt. Die Zeit bis zum Eintreffen der Rettungskräfte dürfte also nicht so lang werden. Ich erinnere mich an einen ähnlichen Fall vor drei Jahren. Der Anrufer lebte irgendwo im tiefsten Thüringen. Es hat fast eine halbe Stunde gedauert, bis der Krankenwagen endlich ankam.
Ich versuche mit allen Mitteln, den Anrufer wach zu halten. »Hast du Licht an? Trinke Salzwasser, und versuche dich zu übergeben!«
Inzwischen habe ich die Befürchtung, dass der Mann eingeschlafen ist. Nichts wäre jetzt schlimmer.
»Hörst du mich??? Sag irgend etwas!!!« Völlige Stille.
»Klopfe bitte an den Hörer, wenn du noch wach bist!!!« Da plötzlich ein Geräusch. So, als hätte jemand mit seinen Fingernägeln über die Muschel gekratzt. Wo bleibt bloß der Rettungswagen? Seit mehreren Minuten höre ich nun gar nichts mehr. Nur noch ein schweres Atmen. Ich versuche die ganze Zeit über mit ihm zu reden, erzähle ihm irgend etwas, damit er meine Stimme hört und dadurch vielleicht wach bleibt. Alle

drei Sekunden schaue ich zur Uhr. Sekunden werden in so einer Situation zu Stunden. Endlich, endlich höre ich ein Klopfen. Und Stimmen: »Aufmachen! Aufmachen!«
Ich frage mich noch, warum die nicht die Tür eintreten, da höre ich auch schon einen lauten Knall. Viele Stimmen. Und endlich jemand, der ans Telefon kommt. »Sie sind die Psychologin?«
»Ja«, ich habe das Gefühl, als ob eine zentnerschwere Last von mir abfällt.
»Wir kümmern uns um den Mann. Danke.«
Menschen, die sich während eines Selbstmordversuchs bei uns melden, haben immer noch den inneren Wunsch, gerettet zu werden. Es ist sozusagen ein letzter Versuch, um auf die eigene Situation und eigene Person aufmerksam zu machen.

Die Psychologen Annette Böwering, Elke Donaiski,
Elke Büchter und Peter Owsianowski

01:19 Uhr Vor einigen Tagen hatten wir ein höchst kurioses Gespräch in der Sendung. Ein Anrufer erzählte Jürgen von seiner sexuellen Fantasie, ganz klein zu schrumpfen. Auf zwei Zentimeter. Dieser Mann stellt sich dann immer vor, von einem riesigen nackten Frauenfuß zertreten zu werden. Jürgen war von den Schilderungen so beeindruckt, dass er direkt im Anschluss einen Aufruf gemacht hat, dass uns auch andere Menschen, die ähnliche Fantasien haben, anrufen sollen. Ich kann es kaum fassen, als mir unsere Rechercheurin Anja Schönhardt die Karteikarte von Steffen gibt. Er muss sofort in die Sendung. Noch ein Zwei-Zentimeter-Mann!

Domian: Weiter geht es mit Steffen, und der ist 32 Jahre. Hallo Steffen.
Steffen: Ja, Hallo Domian. Äh ... ich möchte über das Thema »zwei Zentimeter« sprechen.
(Domian freut sich)
Domian: Schön! – Du bist auch ein Zwei-Zentimeter-Mann?
Steffen: Ja ... aber das können auch ein bis zehn Zentimeter sein.
Domian: Aber du bist gerne ein kleiner Mann!?
Steffen: Ja ... genau. Und meine Phantasie ist, dass mich ein Riese mit seinen Händen greift. Wenn ich dann ein bis zehn Zentimeter groß bin, ist der Mann dann entsprechend 50 oder 100 Meter groß...
Domian: Du bist also schwul?
Steffen: Ja ... genau. Und der muss mich mit seinen Händen greifen. Und meine Vorstellung ist, dass ich einfach nur weglaufen will und er mich dann ergreift. Oder aber auch, dass ich in einem ganz kleinen Auto sitze. Oder in einem ganz kleinen Haus. *(Domian lacht)* Und dann ergreift er das Haus oder Auto mit mir.
Domian: Du sitzt in einem ganz kleinen Auto und saust irgendwo rum, und dieser große Mann mit seinen großen Händen versucht, dich zu greifen?! – Und das stimuliert dich sexuell?
Steffen: Ja ... sehr.
Domian: Das ist ja ... Weißt du, was ich verstanden hätte? Wenn du gesagt hättest, dass du dir diesen Mann nackt vorstellst und du gerne an seinem besten Stück bergsteigen würdest. Das können wir normale Menschen uns vielleicht noch vorstellen. Aber in einem kleinen Auto zu sitzen und vor einer großen Hand wegzufahren ... Was ist denn da geil dran?
Steffen: Ja ...*(überlegt)* Was ist da geil dran? Weiß ich eigentlich auch nicht ... Das ist einfach geil.
Domian: Das musst du mir erklären. Eher lass ich dich jetzt nicht los.

Steffen: Ja, also einfach diese Vorstellung, ich will wegfahren oder wegrennen, und ich hab überhaupt keine Chance. Ich bin ihm total ausgeliefert. Er ergreift mich, und ich sitze dann in seiner Hand fest. Das ist für mich einfach total geil ... genau.
Domian: Kennst du »Gullivers Reisen«?
Steffen: Ja.
Domian: Das ist wahrscheinlich der absolute Porno für dich?!
Steffen: Genau ... ja. Ich hab schon mit elf Jahren das Buch gelesen und ...
Domian: Wirklich?
Steffen: Ja genau ... Da hab ich das erste Mal gemerkt, dass das für mich eine totale Erotik hat.
Domian: Hat das dann gleich eine Erektion bei dir hervorgerufen?
Steffen: Nein ... damals eher Träume. Ich hab dann gleich von Riesen geträumt, und das waren ziemlich schnell dann auch sexuelle Träume.
Domian: Du denkst also nicht – um das noch mal klarzustellen – an ein riesiges Geschlechtsteil?
Steffen: Nein ... weniger. Bei mir ist das eher auf die Hände bezogen. Ich bin da auch ein wenig Händefetischist.
Domian: Steffen liegt im Bett, hat die Augen zu und stellt sich vor, dass er in einem kleinen Auto sitzt. Er saust auf einem Platz hin und her und große Hände versuchen, ihn zu packen. – Und dabei onanierst du?
Steffen: Ja ... genau.
Domian: Bizarr!

Steffen: Ja ... Oder ich schaue mir entsprechende Filme an: »Gullivers Reisen« oder »Die unglaubliche Geschichte des Mister C.« *(Anm. des Autors: Die Geschichte eines Mannes, der durch radioaktiven Nebel zu schrumpfen beginnt und gefährliche Abenteuer mit Tieren und alltäglichen Gegenständen erlebt. USA 1957)* Solche Filme nehme ich dann auf und onaniere dazu.
Domian: Aber du kannst nicht genau erklären, was die sexuelle Erregung ausmacht.
Steffen: Es ist irgendwie das Gefühl, ausgeliefert zu sein.
Domian: Es gibt ja auch verschiedene SM-Praktiken, bei denen man völlig ausgeliefert ist. Das könntest du da ja auch haben.
Steffen: Nein. Das hab ich schon ausprobiert. Fesselspiele und so. Aber das ist es gar nicht. Es ist wirklich nur die Fantasie.
Domian: Das Traurige bei euch kleinen Männern ist ja, dass ihr das niemals in die Realität umsetzen könnt.
Steffen: Ja ... genau. Na ja, nicht ganz. Aber mein Freund spielt da gelegentlich ganz nett mit. Wir haben nämlich so kleine Spielzeugfiguren. Die nimmt er dann z. B. in sei-

ne Hand, und ich darf mir das dann *(lacht etwas verlegen)* schön betrachten und mich daran aufgeilen.
Domian: Aha ...
Steffen: Ja ... genau.
Domian: Du bist in einer festen Beziehung?
Steffen: Ja ... genau.
Domian: Aber du hast auch normale Sexualität?
Steffen: *(zögert)* Ja ...
Domian: Du schläfst mit deinem Freund!?
Steffen: Äh ... im Prinzip ja ...
Domian: Was heißt denn »im Prinzip«?
Steffen: *(lacht sehr verlegen)* Äh ... Ja, ich schlaf schon mit ihm. Aber es ist halt häufig so, dass ich diese Fantasie benutze, um mich aufzugeilen ...
Domian: Ach so. Du schläfst dann also mit ihm und stellst dir vor, dass alles an dir klein ist.
Steffen: Ja ... genau. Dass ich vielleicht dann gerade auf ihm herumlaufe oder er mich packt.
Domian: Das ist ja so abgefahren ... Mit elf Jahren fing das an?
Steffen: Ja ... genau. Das fing eigentlich mit einem erotischen Traum an. Da war auch ein Riese, der nach mir greifen wollte, weil ich einen Fehler gemacht hatte. Das fand ich so erotisch, dass ich den Fehler dann absichtlich gemacht habe. So fing das an. Ja ... genau.
Domian: Was ist denn aufregender für dich? Wenn die Hand versucht, dich zu greifen, oder wenn sie dich schon hat und dich dann erdrückt?
Steffen: Er soll mich nicht erdrücken. Er soll mich nur festhalten. So, dass ich mich nicht mehr wehren kann. Ohne dass ich dabei Schmerzen empfinde.
Domian: Also, was ist schöner? Wenn du gejagt wirst, oder wenn du gefangen bist?
Steffen: Das ist eigentlich egal. Ich erfinde dann so eine Geschichte für mich. Zuerst schrumpfe ich. Dann entdeckt mich der Mann. Dann jagt er mich. Und dann greift er nach mir.
Domian: Bist du eigentlich nackt, wenn du schrumpfst?
Steffen: Angezogen. Und dann lebe ich entweder in einem Puppenhaus oder ich laufe erst mal rum. Und dann kommt irgendwann dieser Riese. *(Domian lacht)* Ja, und der entdeckt mich und greift nach mir. Das können ganz unterschiedliche Situationen sein. Ich bin z. B. in einem Puppenhaus, und der Riese will einfach nur mal schauen, was das für ein Häuschen ist.
Domian: Du hast aber nur diese Hand vor dir und siehst nicht die Augen von dem Riesen?
Steffen: Doch. Da spielt schon der ganze Riese eine Rolle. Ich sitze z. B. in diesem Puppenhaus, und der Riese schaut mit seinen riesigen Augen durch das Fenster.

Domian: Sehr gruselig.
Steffen: Ja, und ich will mich dann irgendwo verkrümeln, und er macht ein Fenster auf und greift mit der Hand in das Haus.
Domian: *(lacht)* Es macht mir sehr viel Spaß, mich mit dir zu unterhalten.
Steffen: Ja ... genau.
Domian: Hör mal, du bist ja ein ganz kleines Männchen. Ist denn das ganz kleine Mini-Pimmelchen dann auch erigiert? Wenn der Riese in das Haus guckt?
Steffen: Nein ... In dieser Fantasie empfinde ich Panik, und gerade das geilt mich ja auf.
Domian: Ja, ich verstehe. Ist deine gesamte Sexualität immer mit dieser Fantasie verbunden?
Steffen: Ja ... schon. Wenn ich auf der Straße hübsche Männer sehe, dann immer in Verbindung mit dieser Fantasie.
Domian: Ach, wären sie doch 50 Meter groß!!!
Steffen: Ja ... genau.
Domian: Also, wenn es ein Paradies gibt, dann wünsche ich dir, dass du in ein Paradies kommst, wo 50 Meter große Männer rumlaufen.
Steffen: Ja ... das wäre toll.
Domian: Schönen Gruß an deinen Freund.
Steffen: Tschüss Domian.

Domian: Ein Uhr einunddreißig und fünfundzwanzig Sekunden. Jetzt machen wir eine kleine Pause.

Domian: *Jetzt warte ich noch auf den Anrufer, der in seiner Erotik-Fantasie zum Riesen wird, verfolgt von einer nackten Feldmaus mit Strapsen und Pumps.*

01:31 Uhr Unser Techniker Leo Scholten startet die Pausenmusik. Immer wieder werden wir von unseren Fans gefragt, was das eigentlich für eine Musik ist, ob man sie irgendwo kaufen kann. Nein. Sie ist eigens für unsere Sendung komponiert worden und nicht auf CD erhältlich. Jürgen trinkt einen Schluck aus seiner grünen Wasserflasche. Und auch das werden wir immer wieder gefragt: Was trinkt der Domian da eigentlich jede Nacht? Es ist ganz normales Kölner Leitungswasser, kurz vor der Sendung frisch abgefüllt.
Die Pause ist für mich die einzige Gelegenheit, während der Sendung Rücksprache mit Jürgen zu halten. Obwohl er eine große Allgemeinbildung besitzt und wir ihm nahezu jedes Thema in die Sendung stellen können, kommt es dennoch manchmal vor, dass wir uns nicht sicher sind, ob er mit einem bestimmten Thema etwas anfangen kann. Meldet sich z. B. ein Anrufer bei uns und will über eine Talkshow reden, die er im Fernsehen gesehen hat, frage ich Jürgen in der Pause natürlich, ob er diese Sendung auch verfolgt hat. Ansonsten wäre ein Gespräch ziemlich sinnlos. Was sollte Jürgen dann zu dem Thema sagen?
Die Pausenmusik läuft, und ich über-

fliege die letzten Meldungen der Nachrichtenagenturen. Auch während der Sendung ist es wichtig, die Nachrichtenlage im Auge zu behalten, um eventuell schnell auf besondere Ereignisse reagieren zu können. Eine Meldung fällt mir sofort auf:

> Worms (ddp). Ein vierjähriger Junge ist am Montagnachmittag auf der Autobahn A 61 bei Worms aus einem Reisebus gestürzt. Bei dem Sturz erlitt der Junge tödliche Verletzungen, teilte die Polizei in Mainz mit. Der mit 30 Personen besetzte Bus befand sich auf der Rückfahrt aus Holland. Nach Angaben der Polizei sei der Junge auf die Bordtoilette des Busses gegangen. Nach dem Verlassen der Toilette habe der Junge offenbar die Notentriegelung der Tür gelöst. Daraufhin sei er auf die Fahrbahn gestürzt. Er wurde mit einem Rettungshubschrauber in die Universitätsklinik Mannheim geflogen, wo er an den Folgen des Unfalls starb. Der Sturz des Jungen löste außerdem einen Nachfolgeunfall aus, bei dem eine Person leicht verletzt wurde, teilte die Polizei weiter mit.

1:31 Uhr – Kurze Pause für Jürgen

Ich traue meinen Augen nicht, als ich plötzlich sehe, dass wir eine Karteikarte mit exakt derselben Geschichte vorliegen haben.

Domian: Jetzt ist Claudia in der Leitung, und sie ist 39 Jahre alt.
Claudia: *(sehr leise)* Hallo Domian, ... *(holt tief Luft)* mein Sohn ist heute zu Tode gekommen. Ich möchte damit auch gleich eine Warnung an alle Eltern aussprechen, die mit einem Reisebus unterwegs sind. Es ist nämlich so, dass mein Sohn die Notverriegelung der hinteren Tür geöffnet hat und dabei herausgefallen ist. Diese Notverriegelung war sehr weit unten angebracht.
(Schweigen)
Domian: Das ist heute passiert?
Claudia: Ja. Es war am Wormser Autobahnkreuz. Wir waren eine Gruppe von ungefähr 30 Frauen mit Kindern und auf der Rückreise von einer Mutter-Kind-Erholung in Holland. Am Wormser Kreuz ist es dann passiert.
Domian: Einfach während der Fahrt?
Claudia: Ja. Der Bus fuhr ca. 80 km/h ... Du weißt, die Reisebusse haben eingebaute Toiletten und ziemlich enge

Treppen. Er war halt auf Toilette, kam dann hoch, und ich sag noch: Ist gut Kevin. Er war sehr neugierig und hat auch gerne die Spülung betätigt. Er kam dann wieder, ich drehe mich um zu einer Kollegin und höre auf einmal Fahrgeräusche. So, als würde man die Scheibe runterdrehen. Ich dachte: Was ist das? Stehe auf, gucke schräg nach unten und sehe, dass die Tür offen ist. Ich sehe noch seinen Kopf und den blauen Pulli, und dann war er auch schon weg.
(Schweigen)
Domian: Wie alt war er?
Claudia: Viereinhalb Jahre. Ich verstehe ja, dass man die Türen im Notfall öffnen muss. Aber ich finde, bei einem Bus voller Kinder ...
Domian: Was ist denn dann passiert? Du hast gesehen, dass dein Kind aus dem Bus fällt ...
Claudia: Ich habe angefangen zu schreien. Ich konnte es gar nicht abstellen. Du schreist dann wie verrückt. Der Busfahrer fuhr einfach weiter. Wenn die anderen mich nicht zurückgehalten hätten, wäre ich hinterhergesprungen. Ich wollte ihm doch helfen ...
Domian: Der Busfahrer ist weitergefahren?
Claudia: Ja. Der ist 500 Meter weitergefahren, bevor er endlich mal stehen geblieben ist.
Domian: Du bist dann die 500 Meter zurück gelaufen?
Claudia: Ich wollte, aber die anderen haben mich festgehalten. Ich hab nur noch geschrien. Es war so, dass auf der Gegenspur auch ein Unfall war. Da ist ein Lkw in die Mittelleitplanke gerast. Der Rettungshubschrauber war da, und er flog dann sofort auf unsere Fahrbahn. Die Rettungskräfte waren also sofort da.
Domian: Ist er denn von einem Auto überfahren worden?
Claudia: Nein, Gott sei Dank nicht. Da stand so ein junger Feuerwehrmann, der unsere Fahrbahn abgesperrt hat. Ich hab ihn gefragt, ob er gesehen hat, was passiert ist. Er hat nur gesagt, dass er gesehen hat, dass da was herausgefallen ist. Er dachte an eine Decke oder so. Es wäre aber keiner drübergefahren.
Domian: Ist dein Kind an der Unfallstelle verstorben?
Claudia: Ja, er war schon tot, als der Notarzt zu ihm hingelaufen ist. Er war nicht mehr ansprechbar und lag im tiefen Koma.
Domian: Hat der Hubschrauber ihn denn mitgenommen?
Claudia: Sofort. In ein Uni-Klinikum. Eine Stunde haben sie versucht, ihn zurückzuholen. *(Pause)* Es ist nicht gelungen.
Domian: Bist du denn auch in die Klinik gefahren worden?
Claudia: Es gibt ja so eine Notfall- oder Unfallseelsorge. Die werden zu solchen Unfällen gerufen und waren dann auch bei mir. Es war ein sehr, sehr netter Pfarrer, bei dem ich mich noch mal ganz herzlich

bedanken möchte. Ein Rettungssanitäter war auch noch dabei. Die haben mich in die Klinik gefahren. Aber da sind auch schon die Ärzte gekommen und haben mir gesagt, dass er es nicht überlebt hat.
Domian: Das war dann heute Nachmittag ...
Claudia: Ja, heute Nachmittag. Sogar die Ärzte haben geweint und gesagt, dass sie so etwas noch nie erlebt haben.
Domian: War das dein einziges Kind?
Claudia: Nein, ich habe noch drei Mädchen. 18, 15 und sechs Jahre alt. Die Kleine war auch mit.
Domian: Bist du allein erziehend?
Claudia: Ja.
Domian: Lebt der Vater noch?
Claudia: Ja, er lebt bei seiner Freundin. Ich hab ihn angerufen. Er kam dann auch in die Klinik und hat mich nach Hause gebracht.
Domian: Wann warst du dann wieder zu Hause?
Claudia: Ich weiß nicht, vielleicht um 22 oder 23 Uhr.
Domian: Also noch gar nicht so lange?
Claudia: Nein. Weißt du, ich hab hier seine ganzen Sachen. Seinen Teddybär, seine Zahnbürste. Das ist doch alles so sinnlos. Man hätte es doch verhindern können.
Domian: Nun ist so viel in den letzten Stunden passiert. Ich bin ganz sicher, dass du noch voll unter Schock stehst.
Claudia: *(sehr leise)* Bestimmt.
Domian: Hast du schon mal Zeit zum Weinen gehabt?
Claudia: Ich weine die ganze Zeit. Mir tut der ganze Kiefer weh. Ich hab ja so geschrien, auch im Krankenhaus.

Domian: Ist denn jetzt jemand bei dir, der dir ein wenig helfen kann.
Claudia: Ja, meine Kinder. Aber die schlafen schon.
Domian: Keine Freunde oder Verwandten?
Claudia: Meine Freundin war ja da, aber die muss morgen wieder arbeiten. Meine Verwandten leben in Österreich. Sonst habe ich hier niemanden. – Ich wollte ja auch nur andere Eltern warnen. Dass ihre Kinder nicht diesen Hebel ziehen. Und natürlich auch an die Busfahrer oder Hersteller dieser Busse appellieren. Dass es einen deutlichen Warnhinweis gibt. Es kann ja auch einem Erwachsenen passieren.
Domian: Ja, oder alten Menschen.
Claudia: Eben, wie viel alte Menschen sind mit Bussen unterwegs. Man kommt von der Toilette, stolpert, kann sich nicht festhalten und kommt dann an den Griff. Dann ist man weg. Keine Chance.
Domian: Claudia, ich kann mir vorstellen, dass man das zuerst gar nicht glauben will. Wenn man dann im Krankenhaus sitzt und die Ärzte einem so etwas sagen.
Claudia: Weißt du, es gibt Momente, da muss ich weinen, und Momente, wo ich nicht

Das tote Kind, die Mutter und der Mann

„Das ging tief an die Substanz": Die Gespräche des WDR-Nachttalkers

Von Jakob Menge

Ein Reisebus auf der Autobahn 61 bei Worms. Um 16.40 Uhr geht der vierjährige Gabriel auf die Bordtoilette. Beim Herausgehen spielt er mit dem Notfallknopf, löst die Sicherung, die Türen des Busses öffnen sich. Bei 100 Stundenkilometer fliegt er durch die hintere Tür, knallt auf den Seitenstreifen, verletzt sich schwer, stirbt bald darauf. Seine Mutter, ebenfalls im Bus, muss es mit ansehen.

Rund neun Stunden später – sie ist gerade aus dem Krankenhaus gekommen – ruft sie jemanden an, um ihre Geschichte zu erzählen. Ihr Zuhörer ist um diese Uhrzeit, um zwanzig nach eins, auf Arbeit, in einem abgedunkelten Studio, Kopfhörer umfassen die spärlichen, kurz rasierten Haare: Jürgen Domian moderiert seit mehr als fünf Jahren seine Call-In-Sendung zur Nacht, „Domian", werktags von eins bis zwei, bimedial, auf Eins Live im Hörfunk und im WDR-Fernsehen. Über 10 000 Gespräche hat er geführt, über Liebe, Sex, Krankheit, was auch immer. Bis zu 200 000 Menschen sehen und hören ihn und viele, die anrufen, stufen ihn eben als einen „Bekannten ein", sagt er – wie die Mutter von Gabriel in dieser Nacht.

Warum? „Ich weiß es nicht genau", antwortet Domian zuerst schlicht und sucht nach Antworten. „Es gibt so unglaublich viele Menschen, die allein gelassen sind." Er habe über die Jahre eine Vertrauensebene aufgebaut, auf die er stolz sei. Aber er ist dennoch kein normaler Bekannter, keiner, an dessen Schulter man sich ausheult. Auch die gepeinigte Mutter

„Es gibt so unglaublich viele Menschen, die allein gelassen sind", sagt Jürgen Domian

will das nicht. „Da denkt man zuerst das stimmt nicht" erzählt der 41-jährige Nachttalker „so gefasst und neutral, wie sie sprach".

Die Frau sucht in jener Sendung die Öffentlichkeit, um Eltern kleiner Kinder vor den Notausgänge in Bussen zu warnen. Dann begründet sie ganz rational diese Warnung – mit ihrer Geschichte. Domian heuchelt kein übertriebenes Mitleid, meist begleitet er die Erzählung nur mit mehreren „Mhms" und sieht fast unbewegt in die Kamera.

„Das ging sehr tief an die Substanz", sagt er danach. Einige Male schon habe er solche Anrufe gehabt – zwischen den Normalos und den

aus: »Die Welt«, Nr. 122/26.05.2000

---

weinen muss. Ich hab ihn noch vor Augen, wie er heute Morgen vergnügt bei den Schiffen gespielt hat. Ich hatte noch Angst, dass er ins Wasser fällt. Oder wie er am Strand rumgelaufen ist, braun gebrannt, ganz blonde Haare. Wir hatten so tolles Wetter. *(Pause)* Und jetzt ist er nicht mehr da.
Domian: Wie haben denn seine Geschwister darauf reagiert?

Claudia: Die Großen haben natürlich ohne Ende geweint, und die Kleine hat nur gesagt, dass er jetzt den Weihnachtsmann sieht und den Nikolaus besuchen kann. Ich hab dann gesagt, dass Kevin immer da ist und dich immer sieht.
Domian: Ich kann mir vorstellen, dass das in dem ganzen

am Telefon
Jürgen Domian

Exhibitionisten, zwischen den Liebeskranken und Pädophilen, die Domian allesamt nahezu perfekt im Griff hat, gab es ähnliche Schicksalsschläge, die er sich per Telefon hat anhören müssen: die schwer krebskranke Frau, die am Nachmittag vor ihrer vielleicht letzten Operation ihre Kinder ins Heim gebracht hat, oder ein Überlebender des ICE-Unglücks von Eschede, der seine Eltern dort verlor.

Domian weiß auch, dass, so perfide es klingen mag, diese Momente journalistische Highlights sind, die sonst kein Moderator in der Republik erleben kann. Sein Format ist, im Fernsehen zumindest, einzigartig. „Ich bin stolz darauf, dass wir keinen Leuten hinterher recherchieren müssen wie die Kollegen vom Daily Talk oder vom Boulevard." Die Menschen melden sich bei ihm selbst. „Und denken Sie bloß nicht, ich tue das, um mich wichtig zu machen", sagt Gabriels Mutter zum Schluss.

Schmerz auch ein wenig Trost ist, wie die kleine Schwester jetzt darauf reagiert.
Claudia: Absolut. Sie sagt zwar immer, dass sie es ganz doof findet, dass er tot ist. Und sie hat es auch gleich gewusst. Das kann man nicht überleben, hat sie gesagt. Für ihre sechs Jahre ist so eine Aussage ziemlich erstaunlich.

Domian: Hattest du ein besonderes Verhältnis zu deinem Sohn?
Claudia: Ja, es war mein Sohn. Es war mein Jüngster.
Domian: Die Jüngsten haben ja oft einen besonderen Stellenwert.
Claudia: Ja, er war zwar immer sehr anstrengend. Einen Sack Flöhe zu hüten wäre leichter gewesen. Er hat auch in der Kur alles Mögliche angestellt. Mit dem Gartenschlauch rumgespritzt und den Aufzug demoliert. Aber dennoch hat ihn jeder gemocht. Er hat es ja auch nicht mit Absicht gemacht.
Domian: Ach ja, er ist vier Jahre alt. Und wenn er es mit Absicht gemacht hätte, wäre es auch egal gewesen.
Claudia: Ja genau!
Domian: Hast du in den letzten Stunden auch darüber nachgedacht, was jetzt alles auf dich zukommt.
Claudia: Ja, aber ich weiß noch gar nichts. Die Staatsanwaltschaft hat seinen Leichnam beschlagnahmt. Ich weiß nur, dass ich für sein Grab einen weißen Marmorengel haben möchte. Kein Kreuz. Wenn wir alle zusammenlegen, müsste es klappen. Das wäre mein Wunsch.
Domian: Man weiß aber noch gar nicht, wann die Beerdigung stattfinden kann?
Claudia: Nein. Er muss ja auch hierher überführt werden. Ich weiß gar nicht, wie ich das alles schaffen soll. Aber es muss ja irgendwie gehen ...
Domian: Hast du denn morgen und in den nächsten Tagen jemanden, der dir ein wenig hilft?
Claudia: Ich hab meine Freundin. Aber die muss den ganzen Tag arbeiten.
Domian: Aber in der Not ist sie für dich da?

Claudia: Ja, ich kann sie immer anrufen.
Domian: Und deine große Tochter kann dir sicherlich auch schon helfen.
Claudia: Ja, aber da muss eher ich sie trösten. Sie wird nicht so schnell darüber hinwegkommen. Sie ist ein sehr warmherziger Mensch.
(Pause)
Domian: Claudia, das ist ein großes Unglück, und es tut mir sehr, sehr leid.
Claudia: Ich hab jetzt nicht bei dir angerufen, um mich irgendwie zu profilieren. Ich wollte das auch als Warnung an andere weitergeben. Dass sein Tod nicht ganz sinnlos war.
Domian: Niemand hat das so empfunden, dass du dich aus Profilierungsgründen hier meldest. Niemand! Dein Anliegen, dass du eine Warnung aussprechen wolltest, ist völlig klar. Und es ist auch legitim, dass du damit hier angerufen hast. Und vielleicht auch nur, um zu reden.
Claudia: Ich werde das auf jeden Fall publik machen. Und wenn es nur darum geht, dass es größere und auffälligere Warnhinweise gibt.
Domian: Also Claudia, von Herzen mein Mitgefühl und Beileid. Du möchtest bestimmt auch noch mit meiner Psychologin reden?
Claudia: Das wäre gut.
Domian: Dann leg jetzt mal auf, die Elke ruft dich gleich zurück. Viel Kraft für die nächste Zeit.
Claudia: Danke, Domian.

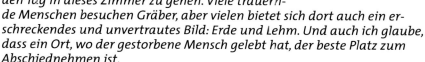

Elke Donaiski: *Wieder so eine Geschichte, die ich als Mutter fassungslos verfolgt habe. Was für ein Unglück! Den Schmerz, den diese Frau ertragen muss, kann man doch gar nicht ermessen. Claudia fragt mich, was sie denn mit dem Zimmer von Kevin machen solle. Ausräumen oder alles so lassen, wie es ist? In unserem Gespräch kommt heraus, dass es wohl besser ist, wenn sie es zunächst nicht verändert. Claudia muss sich die Zeit nehmen, jeden Tag in dieses Zimmer zu gehen. Viele trauernde Menschen besuchen Gräber, aber vielen bietet sich dort auch ein erschreckendes und unvertrautes Bild: Erde und Lehm. Und auch ich glaube, dass ein Ort, wo der gestorbene Mensch gelebt hat, der beste Platz zum Abschiednehmen ist.*
Während des Gespräches mit Jürgen haben sich bestimmt viele gefragt, warum Claudia hier angerufen und ihre Geschichte in aller Öffentlichkeit

*erzählt hat. Und das so kurz nach dem Unglück. Es war aber genau richtig, das zu tun. Claudia hatte den inneren Wunsch, ihr Leid in die ganze Welt hinauszuschreien! Jeder sollte es wissen. Und das ist **auch** ein Weg, damit sie mit ihrem Schicksal nicht alleine ist.*
Manchmal kommt es vor, dass wir mit Anrufern über mehrere Tage in Kontakt bleiben. Vor einiger Zeit rief uns ein junger Vater an und wollte unbedingt mit Jürgen sprechen. Die Rechercheurin signalisierte mir jedoch, dass er für ein Gespräch in der Sendung viel zu verstört wirkte. Sein Sohn war vor einigen Monaten am plötzlichen Kindstod gestorben. Der junge Vater war fest davon überzeugt, dass er die Schuld an dem Tod trage. Seine Frau war arbeiten, er sollte auf das Kind aufpassen. Es starb während des Mittagsschlafes. Auch seine Frau machte ihm die schwersten Vorwürfe. Mittlerweile sei die Ehe zerbrochen, viele Freunde hätten sich von ihm abgewandt. Die einzige Hoffnung sei, sich das Leben zu nehmen. Um so wieder bei seinem Sohn zu sein.
Nach einem fast einstündigen Gespräch versprach er mir, sich am nächsten Tag an die Adressen zu wenden, die ich ihm genannt hatte. Hier musste professionelle Hilfe her. Ich war sicher, dass er aus dieser schweren Krise nicht mehr allein herauskommen würde. Wir verabredeten, am folgenden Tag erneut zu telefonieren. Ich wollte sichergehen, dass er sich Hilfe holt. Dabei stellte sich aber heraus, dass er nichts, gar nichts unternommen hatte. Sich nicht traute und keinen Sinn darin sah, weiterzuleben. So vergingen vier Tage mit täglichen Telefonaten. Am letzten Tag merkte ich, dass er nur sehr schleppend sprach. Und schließlich gestand er, dass er Unmengen Schlaftabletten genommen hatte. Dann brach das Gespräch ab. Ich alarmierte sofort Polizei und Rettungsdienste. Wenig später trafen sie bei ihm ein und brachen die Wohnungstür auf. Doch der Mann war verschwunden. Die Polizei fand neben seinem Bett mehrere leere Schachteln Schlaftabletten und einen Abschiedsbrief. Sofort wurde die Fahndung eingeleitet. Und – Gott sei Dank – fand man den Mann wenig später. Unter einer Straßenlaterne, schlafend neben seinem Auto. Lange Zeit habe ich dann nichts mehr von ihm gehört. Dann, ein halbes Jahr später, rief er plötzlich nachts an und bedankte sich für die Hilfe.

Peter Owsianowski (Psychologe)

01:41 Uhr Für mich ist es immer wieder ein ganz besonderes Vergnügen, wenn Jürgen in der Sendung völlig erstaunt und baff reagiert. Dieses fast sprachlose »Ach! ...«. Jürgen Domian, der doch nun wirklich fast alles schon einmal gehört hat, dem eigentlich nichts fremd oder neu sein dürfte, wird mir gleich wieder diese Freude machen. Da bin ich sicher. Die nächste Anruferin ist Monique, eine Frau mit leicht belgischem Akzent.

Domian: Monique ist am Telefon. 44 Jahre.
Monique: Hallo Jürgen. Ich bin ziemlich aufgeregt.
Domian: Was ist denn dein Thema?
Monique: Ich bin geboren als Hermaphrodit, zu deutsch: Zwitter.
Domian: *(sehr erstaunt)* Ach...!
Monique: Ich bin also zweigeschlechtlich geboren.
Domian: Moment mal! Du bist mit einer Scheide und einem Penis geboren worden?
Monique: Richtig. Aber das, was die ersten 25 Jahre funktioniert hat, war der männliche Teil. Ich habe sogar einen Sohn bekommen. Das heißt, meine Frau hat einen Sohn bekommen.
Domian: *(etwas irritiert)* Moment, langsam. Man hat dich also nach der Geburt nicht sofort operiert. Du bis als Zwitter aufgewachsen?
Monique: Richtig. Das war bei uns aber ein Tabuthema. Meine Mutter wollte das nicht an die große Glocke hängen. Sie hat auch mit mir nicht darüber gesprochen und hat mich mehr oder weniger versteckt. Als Kind habe ich deswegen sehr gelitten.
Domian: Wie war das denn in der Pubertät? Da bilden sich ja die Geschlechtsorgane rich-

tig aus. Hattest du einen richtigen Penis, einen richtigen Hodensack und eine richtige Scheide?
Monique: Ja. Und sogar eine Brust.
Domian: Und wo befindet oder befand sich der Penis?
Monique: Über der Scheide. Stell dir den Hodensack in der Mitte geteilt vor. In jeder Schamlippe ist ein Hoden drin. Es sind also sehr große Schamlippen.
Domian: *(fassungslos)* Ach… – Warst du auch zu einer Erektion fähig?
Monique: Damals funktionierte alles. Bis ich 25 Jahre wurde. Da habe ich eine Gelbsucht bekommen. Und irgendwie hat diese Gelbsucht etwas in meinem Körper ausgelöst. Dass ich dann nämlich die erste Blutung bekommen habe.
Domian: Mit 25 Jahren?
Monique: Ja. Meine Pubertät hat also erst mit 25 angefangen. Mit 20 habe ich schon geheiratet.
Domian: Du hast mit 20 geheiratet??? Als Zwitter???
Monique: Richtig. Ich bin Belgierin. Und ich habe eine Frau aus Aachen geheiratet.
Domian: Du sahst also äußerlich wie ein Mann aus?
Monique: Ja, richtig. Ich habe als Mann geheiratet.
Domian: Aber du hast doch gerade gesagt, dass du Brüste hattest …
Monique: Ja klar. Die habe ich aber versteckt. Mit Mullbinden. Man hat es gar nicht gesehen.
Domian: Du hast also eine Frau geheiratet. Bevor man heiratet, wird man aber vertraut miteinander und natürlich auch intim. – Als diese Frau dich dann zum ersten Mal nackt gesehen hat … Was hat die denn gesagt??
Monique: Gut, man zeigt sich ja nicht sofort nackt. Ich hatte ja auch meine Probleme. Ich habe sie 1974 beim Karneval in Aachen kennen gelernt, und ich war sofort total verliebt. Sie war mein erstes Mädchen. Nach drei Wochen hab ich ihr dann gesagt, dass ich kein normaler Mann bin. Halt ein wenig runder. Zuerst

Elke Büchtern (Psychologin)

war sie geschockt und hat blöd geguckt. Danach ... tja, sie ist bei mir geblieben.
Domian: Aber Monique, als ihr zum ersten Mal zusammen geschlafen habt, als sie zum ersten Mal deine Geschlechtsteile gesehen hat ...
Monique: Ach, da kannten wir uns schon drei Monate. Ich traute mich auch zuerst gar nicht.

Domian: Ja, wie hat sie denn da reagiert?
Monique: Na ja, sie hatte vorher ja auch noch nie einen Mann kennen gelernt. Sie hatte keinen Vergleich ...
Domian: Sie fand es also nicht schlimm?

Rolf-Dieter Krause (Programmchef WDR-Fernsehen) über Domian: Nachts allein auf der Autobahn nach Brüssel. Domian hat »Auto-Sexualität« als Thema angekündigt. Meine Gedanken schweifen 30 Jahre zurück, auf die Rückbank meines ersten Käfers ...
Ich Naivling! Schon die ersten Worte des Anrufers machen klar, dass es bei »Auto« keineswegs um Fahrzeuge geht, eher um die zungenfertige Entdeckung des »selbst«. Lachanfall, ob nun aus Verwunderung über die gerade erstmals vernommene Praktik (»Geht das überhaupt?«) oder aus Überraschung angesichts der eigenen Ahnungslosigkeit, egal: Domian bringt mich ins Schleudern. Fast lande ich in der Leitplanke. Aber nur fast ...
... und das passt durchaus zu ihm: Opfer sind bei Domian nicht vorgesehen, ganz im Gegenteil: Seine Gäste sind allenfalls an der Stimme, vielleicht noch am Vornamen (der ja nicht stimmen muss) erkennbar. Was sie aber buchstäblich behalten, ist ihr Gesicht. Mag ihre Geschichte noch so abgründig, noch so intim, noch so persönlich sein – sie haben sich in ihrer Nachbarschaft, ihrer Straße, ihrem Viertel nicht entblößt. Ihr Inkognito ist gewahrt, jedenfalls weitgehend. Mehr noch: Ist die Verzweiflung einmal auch dann noch groß, wenn das journalistische Interesse schon befriedigt ist, dann ist nicht einfach Schluss: Dann gibt es Psychologen, Betreuer, die auffangen, trösten, helfen. Für mich ist das der Unterschied zu den Privaten: Öffentlich-rechtlich – das heißt, den Respekt vor den Menschen zu bewahren, auch dann, wenn es um Abgedrehtes, Abseitiges, Abgründiges geht. Manchmal ein schmaler Grat. Domian weiß auf ihm zu gehen – ohne Schleudern.

Monique: Sie kannte nichts anderes. Und beim ersten Mal ist gleich unser Sohn gezeugt worden.
Domian: Wie? Gleich beim ersten Mal?
Monique: Richtig.
Domian: *(holt Luft)* Das ist ja wirklich ein Ding. – Du bist im Moment immer noch zweigeschlechtlich?
Monique: Immer noch. Ja.
Domian: Und du möchtest auch nichts operativ verändern lassen?
Monique: Weißt du, zuerst hatte ich Probleme. Weil ich das immer verschwiegen hatte. Seit meinem Coming-out habe ich aber überhaupt keine Probleme mehr. Ich verstecke mich nicht mehr. Damals hatte ich immer überlegt, den männlichen Teil wegnehmen zu lassen und den weiblichen zu behalten.
Domian: Du wolltest das Männliche wegnehmen lassen???
Monique: Ich fühle mich als Frau wohler.
Domian: Das ist jetzt aber schwierig. Du hast dich in eine Frau verliebt …
Monique: Ich liebe meine Frau heute noch.
Domian: Würdest du dich vielleicht eher als lesbisch bezeichnen?
Monique: Wir sind lesbisch. Ja. Wir haben heute lesbischen Geschlechtsverkehr.
Domian: Ja aber … Wenn ihr dann miteinander schlaft … Ist dein Penis dann auch eri …
Monique: Der männliche Teil funktioniert nicht mehr.
Domian: Der funktioniert nicht mehr?!
Monique: Nein, bei der ersten Blutung 1979 hat das angefangen. Dann habe ich Hormone bekommen, und mein Körper ist immer weiblicher geworden. Und das Männliche hat sich zurückgezogen.
Domian: Aber der Penis ist noch da?
Monique: Ja … Na ja, er ist höchstens noch 1,5 Zentimeter.
Domian: Er ist ganz klein geworden? Aber du hättest ja mit dir schlafen können?!
Monique: Das geht nicht mehr.
Domian: Ging das früher???
Monique: Das hätte theoretisch geklappt. Deswegen hat man mir in meiner Wehrdienstzeit in Belgien die Hodenleiter getrennt. Damit ich mich nicht schwängern kann. Die haben Angst davor gehabt.
Domian: Hast du das denn als junger Mann, als junge Frau auch mal versucht? Deinen Penis in die eigene Scheide zu stecken?
Monique: *(lacht)* Nein. Das tut weh.
Domian: War das damals so, dass du einen Orgasmus sowohl über den Penis als …
Monique: Nur über den Penis!
Domian: Über die Scheide gar nicht?
Monique: Nein, gar nicht.
Domian: Und wie ist das heute?
Monique: Das hat sich heute umgedreht.
Domian: Wie kommt das?

Monique: Ich muss dir sagen ... Das weibliche Geschlecht ist, was die Gefühle betrifft, viel schöner. Als Mann hast du das ganze Gefühl nur in deinem Penis.
Domian: Du kannst es ja wirklich beurteilen. Du hast beides erlebt. – Sind die Hoden denn auch ganz klein geworden?
Monique: Na ja ... Verschrumpelt würde ich sagen. Du siehst sie gar nicht mehr. Wenn du mich nackt sehen könntest, würdest du eine lange Klitoris sehen.
Domian: Und der Penis ist ganz klein verschrumpelt?
Monique: Richtig. Wenn ich stehend zur Toilette müsste, gäbe es Probleme.
Domian: Ja! Genau! Wie ist das mit dem Urinieren? Wo kam früher der Urin raus?
Monique: Aus dem Penis! Bis heute.
Domian: Aus dem Penis?! Heute auch noch?
Monique: Ja, ja.
Domian: Nicht aus der Scheide?!
Monique: Nein. Das ist sehr praktisch ...
Domian: Ein Sexualorgan und ein Ausscheidungsorgan.
Monique: Richtig.
Domian: Das ist ja wirklich verrückt. Das habe ich noch nie in meinem Leben so gehört.
(Pause)
Domian: Du redest darüber völlig abgeklärt.
Monique: Ich sagte ja, dass ich jetzt darüber reden kann. Früher habe ich sehr gelitten. Ich hatte auch viele Probleme mit Ämtern. Z. B. ist mein Vorname offiziell immer noch nicht geändert. Im September 1987 habe ich das beantragt ...
Domian: Also »Monique« ist gar nicht dein richtiger Name.
Monique: Nein.
Domian: Sondern? Magst du ihn sagen?
Monique: Nein.
Domian: Noch mal die Frage: Eine Operation kam für dich nie in Frage?
Monique: Nein. Seitdem ich keine Probleme mehr damit hatte. Außerdem wäre es auch eine sehr schwierige Operation geworden. Ich akzeptiere mich jetzt so. Ich bin halt so.
Domian: Ich finde es auch völlig in Ordnung und gut, dass du so bleibst, wie du bist. Wenn du ein glückliches Leben führst, eine Familie hast. Das ist doch wunderbar.
Monique: Guck mal. Ich bin bald 25 Jahre verheiratet und feiere dann Silberhochzeit.
Domian: Liebe Monique, ich fand das jetzt ausgesprochen interessant, mit dir zu reden. Ich freue mich sehr, dass du angerufen hast. Grüße bitte deine Partnerin ganz herzlich von mir.
Monique: Ja, die hört gerade zu. *(Gemurmel im Hintergrund)*
Domian: ... und das Kind ist ja auch schon 25 Jahre alt!?

Der Arbeitsplatz der Rechercheure: Telefon, Headset und Karteikarten

DOMIAN

12345
12345   Sonstiges: _____

12345

Monique: Ja, er hat bald Geburtstag. Er lebt immer noch mit uns zusammen.
Domian: Weiß er von deiner ganzen Geschichte?
Monique: Ja. Er ist ja damit groß geworden.
Domian: Also, alles Gute für dich und deine Familie.
Monique: Danke Domian. Tschüss.

Domian: Monique wäre in früheren Zeiten geächtet, vielleicht sogar getötet worden. Wie gut, dass wir heute und in Europa leben. Durch das Gespräch mit Monique bin ich wieder mal schwer über die Fragen ins Grübeln gekommen: Was ist Mann? Was ist Frau? Wo verläuft die Grenze? Je älter ich werde, desto weniger Antworten habe ich auf diese Fragen.

Ab und zu bieten wir die Sendung auch als Plattform an. Unsere Zuschauer und Zuhörer können anrufen und sich via TV und Radio direkt an eine Person wenden, sie um etwas bitten oder ihr etwas mitteilen. Gestern hatten wir das Thema: Jetzt sage ich dir die Wahrheit. Und es meldete sich Markus, 30 Jahre alt.

Domian: Markus, wem willst du die Wahrheit sagen?
Markus: Ich wollte meiner Mama Irene die Wahrheit sagen.
Domian: Um was geht es?
Markus: Ich bin jetzt 30 Jahre alt und wohne auch 30 Jahre zu Hause bei meiner Mama. Und ich habe ihr versprochen, dass ich immer bei ihr wohnen bleibe.
Domian: Wie bitte? Für immer?
Markus: So habe ich es damals gesagt, ja.

Vor 15 Jahren ist mein Vater gestorben. Meine Mama war so alleine, und da habe ich ihr das versprochen. Ich bin ja ihr einziges Kind.
Domian: Mein Gott, was für ein Versprechen.
Markus: Ja, mit 15 sagt man das leicht. Man denkt ja noch nicht so weit in die Zukunft. Es hat auch lange gut geklappt. Ich war echt zufrieden. Bis ich vor drei Jahren geheiratet habe und meine Frau zu uns gezogen ist.
Domian: Wohnt ihr in einem Haus oder einer großen Wohnung?
Markus: Das ist ein Haus, das meine Mutter von meinem Vater geerbt hat. Und oben habe ich eine eigene Wohnung. Nur, die habe ich – bis ich denn verheiratet war – nie wirklich gebraucht. Weil meine Mutter für mich gekocht hat und meine Wäsche gemacht hat. Das wollte meine Frau dann übernehmen. Meine Mutter hat aber immer dazwischengeredet, von wegen: Ihr könnt ja auch bei mir essen. Das hat meine Frau dann immer mehr belastet.
Domian: Wie ist die Situation zur Zeit?
Markus: Mittlerweile bin ich geschieden.
Domian: Mittlerweile bist du geschieden?

Markus: Ja.
Domian: Wegen deiner Mutter? Weil ihr drei euch nicht arrangieren konntet?
Markus: Ja. Ich habe versucht, was ich konnte. Aber meine Frau hat dann gesagt: Ich halte es nicht mehr aus. Sie ist gegangen. Ich habe sie gehen lassen.
Domian: Thema unserer Sendung ist: Heute sage ich dir die Wahrheit. Du hast gerade angedeutet, dass du deine Mutter hier und jetzt ansprechen willst. Ist sie denn jetzt dabei? Schaut sie denn zu?
Markus: Nein. Die liegt schon seit zwei Stunden im Bett. Ich zeichne die Sendung auf Video auf und lege ihr die Kassette morgen auf den Frühstückstisch. Weil ich nicht den Mut habe, ihr das direkt ins Gesicht zu sagen.
Domian: Also, die Mama heißt Irene, und du sprichst deine Mama jetzt an.
(Gesprächspause – Markus holt tief Luft)
Markus: Also Mama, es tut mir ungeheuer Leid, aber ich halte den Druck hier nicht mehr aus. Mit deinen Vorstellungen, was ich machen soll ... Und ...*(Pause)* Ich werde ausziehen! Ich werde mit meiner neuen Freundin zusammenziehen. Ich hoffe, dass das unsere Beziehung nicht belasten wird. Ja ... damit musst du dann leben. Ich werde dich trotzdem weiter besuchen. Aber ich halte es im Augenblick einfach nicht mehr aus.
(Pause)
Domian: Du wohnst mit deiner Mutter in einem Haus. Warum hast du jetzt den eher komplizierten Weg über Radio und Fernsehen gewählt? Du hättest es ihr doch vor ein paar Stunden auch direkt sagen können?
Markus: Ich traue mich nicht. Ich weiß nicht, wie sie reagiert. Ich weiß nicht, was sie macht. Weil ich ihr diese Versprechen gegeben habe und weil sie mich nach der Scheidung von meiner Frau wieder aufgebaut hat. Sie hat immer gesagt: Die Frau war sowieso nichts für dich. Meine Mutter hat alles für mich getan. Nur, meine neue Freundin sagt auch, dass es so nicht weitergehen kann.
Domian: Du hast bestimmt Angst, dass die neue Beziehung auch wieder kaputt geht.
Markus: Das ist es, ja!
(Domian spricht Mama Irene an, die die Sendung ja sehen wird)
Domian: Liebe Irene, man muss auch mal loslassen können. Und vielleicht ist der Kontakt um so schöner, wenn du den Markus jetzt erst einmal gehen lässt und sich alles auf einer freiwilligen Basis entwickelt. Und nicht so zwanghaft wie bisher.
Markus: Das hoffe ich auch.
Domian: Also, du legst ihr das Videoband morgen auf den Frühstückstisch, und sie wird es sich anschauen. Bist du dann auf der Arbeit?
Markus: Ja, ich werde um 16 Uhr nach Hause kommen und hoffen, dass sie sich bis dahin beruhigt hat.

Domian: Dann wünsche ich dir morgen einen schönen Tag. Du wirst wahrscheinlich die ganze Zeit mutmaßen, was los ist. Könnte es auch sein, dass sie dich auf der Arbeit anruft?
Markus: Das geht schon. Aber ich hoffe, dass sie das nicht macht.
Domian: Wir hoffen mit dir, Markus. Tschüss und toi, toi, toi.

01:51 Uhr Wir haben uns gestern nach dem Gespräch noch lange gefragt, wie die Geschichte wohl weitergehen wird. Wie Mama Irene reagieren wird. Markus stand mächtig unter Druck, und uns schien, dass die Videoaktion der größte Befreiungsschlag seines Lebens werden sollte.
Die ganze Sendung über haben wir nun schon versucht, Markus zu erreichen. Was für ein Glück! Jetzt endlich – kurz vor Ende der Sendung – hat Roland ihn an der Strippe. Die Spannung ist riesig.

Domian: Es geht weiter mit Markus, 30 Jahre alt.
Markus: Hallo Domian. Wir hatten uns ja gestern schon unterhalten. Über meine Mutter.
Domian: Ah! Das ist ja toll. Bitte spann uns nicht lange auf die Folter. Wie hat deine Mutter reagiert?
Markus: Meine Mutter hat mich heute morgen gegen 10 Uhr auf der Arbeit angerufen. Sie war völlig aufgelöst und hat mich gefragt, was das denn soll. *(Beginnt ein wenig zu stottern)* Und warum ich ihr das antun würde. Und dann habe ich mit meinem Chef gesprochen und durfte um 12 Uhr nach Hause. Meine Mutter hat mich tränenüberströmt zur Rede gestellt. Aber ... sie versteht das Ganze nicht. Sie denkt, ich greife sie damit an. Sie hat mich gefragt, ob ich ihr denn Vorwürfe mache oder so. Sie versteht einfach nicht, dass ich mich von zu Hause lösen möchte. Sie hat mich jetzt vor die Wahl gestellt: sie oder meine neue Freundin! Ich weiß nicht, was ich machen soll! Ich möchte nicht vor so einer Wahl stehen.
Domian: Nein!!! Entschuldige, wenn ich das jetzt so hart ausdrücke: Was für eine böse Mutter!
Markus: *(entschlossen)* Nein, meine Mutter ist nicht böse!
Domian: Doch! Wenn sie dich vor die Wahl stellt: deine Freundin oder sie. Du bist ein erwachsener 30-jähriger Mann! Eine Ehe, eine Beziehung ist an der extremen Nähe zu deiner Mutter gescheitert. Jetzt gibt es eine neue Freundin, und es sind wieder die Probleme da. Warum sieht denn diese Frau nicht ein, dass du ein Recht auf ein eigenes Leben hast. Dass du nicht zeitlebens an ihrem Rockzipfel hängen musst. Sie könnte doch ein wunderbares Verhältnis zu

euch haben. Auch wenn ihr räumlich voneinander getrennt seid.
Markus: Meine Mutter hat nichts anderes, das ist das Problem.
Domian: Sie verliert dich doch nicht, wenn du nur auszieh st!
Markus: Das habe ich ihr auch versucht klarzumachen. Aber ... aber ... ich weiß nicht, was ich machen soll.
Domian: Ist deine Mutter fit und gesund?
Markus: Ja.
Domian: Wie alt ist sie?
Markus: Sie ist 74. Aber sie kann noch alles. Sie hat keine Krankheiten, nichts!
Domian: Hat sie einen Freundeskreis? Hat sie Leute um sich herum?
Markus: Das ist ja die Sache ... Eigentlich nicht. Alle Bekanntschaften haben sich immer nur durch meinen Vater ergeben. Es gab auch mal einen Kegelverein, aber da ist sie ausgetreten, als mein Vater gestorben ist. Sie hat eigentlich nur noch mich.
Domian: Was droht sie dir denn jetzt an? Spielen wir das mal durch. Du verlässt euer Haus und ziehst mit deiner Freundin in eine eigene Wohnung. Was würde dann passieren?
Markus: *(überlegt erst und spricht dann leise)* Ich befürchte, dann will sie nichts mehr mit mir zu tun haben.
Domian: Dann hat sie es auch nicht anders verdient, Markus.
Markus: Nein, Nein!!
Domian: Doch!
Markus: Nein, meine Mutter hat es anders verdient. Sie hat alles für mich gemacht.
Domian: Das ist doch vollkommen egal. Dann macht sie das durch ihr jetziges Verhalten wieder kaputt. Sie übt doch massiven Druck auf dich aus, sie erpresst dich doch quasi.
Markus: *(verzweifelt)* Aber ich kann meine Mutter doch jetzt nicht im Stich lassen. Sie hat 30 Jahre alles für mich gemacht.
Domian: *(energisch)* Du lässt sie doch nicht im Stich. Du sollst sie gut und ordentlich behandeln, aber du sollst dich nicht erpressen lassen. Du kannst deiner Mutter weiterhin hervorragend verbunden bleiben. Aber als eigenständiger Mensch! Vielleicht in einer Wohnung, die nur einen Kilometer von ihr entfernt ist. *(böse)* Was ist das denn für eine Mutterliebe, wenn die Mutter sagt: Entweder dieses Mädchen oder ich!? Ist doch unglaublich!!
Markus: Sie hat auch gesagt, dass sie mich schon einmal vor einer Frau gerettet hat.
Domian: Mein Gott!!! Weißt

du, was du bist? Du bist das reinste Mamasöhnchen!
Markus: *(will entschlossen klingen)* Nein! Nein! Also das nicht! Nein, also ... das bin ich nicht!
Domian: Allein die Tatsache, dass du in der jetzigen Situation noch überlegst, beweist mir, dass du ein Mamasöhnchen bist.
Markus: Nein, ich möchte meine Mutter nur nicht im Stich lassen.
Domian: Du sollst sie ja auch nicht im Stich lassen. Du sollst ihr jetzt einfach mal Grenzen setzen. Und dabei musst du sie vielleicht auch mal ein wenig verletzen. Das ist dann halt so.
Markus: *(empört)* Ich kann doch meine Mutter nicht verletzen!
Domian: Doch, das kannst du. Du musst es sogar. Um dein eigenes Leben richtig leben zu können. Das ist kein Aufruf zum Egoismus. Man kann als Sohn sein eigenes Leben leben und die Mutter lieben und immer für sie da sein. Jede wirklich liebende Mutter versteht das auch.
Markus: *(sehr verzweifelt)* Da muss es doch noch etwas anderes geben. Dass man das alles unter einen Hut bringen kann.
Domian: Nein, gibt es nicht. Alles kriegst du nicht unter einen Hut.
Markus: Ja, aber ...
Domian: Du hast eine Mutter, die dich voll im Griff hat. *(kurze Pause)* Das ist eine Herrscherin!
Markus: Aber sie hat doch nichts anderes ...
Domian: Sie hat aber nicht das Recht dazu!! Und du hast das so viele Jahre mit dir machen lassen! *(laut)* Was schlimm genug ist! Was schlimm genug ist, dass eine Ehe deshalb zerbrochen ist! Und jetzt hast du die Chance, dich zu lösen.
Markus: Sie hat aber gesagt, dass sie kein Wort mehr mit

Wolfgang Overath (Fußballikone) über Domian:
Manchmal komme ich von einem harten Tag nach Hause und bin so kaputt, dass ich mich nur noch vor die Glotze hängen kann. Da sitzt dann dieser Jürgen Domian in seinem Studio und hört sich die haarsträubendsten Geschichten oder auch die kleinen und großen Probleme seiner Anrufer an. Man merkt: Sie vertrauen ihm. – Ich find's Klasse, dass es so eine Sendung gibt. Reden ist so wichtig. Immer. Und so viele Menschen haben niemanden, mit dem sie ihre Probleme bereden können. Mach weiter so, Domian.

mir spricht, wenn ich mit meiner Freundin zusammenziehe.
Domian: Dann soll sie erst mal kein Wort mehr mit dir reden. Mal sehen, wie lange die alte Dame das aushält
Markus: Ja, aber ...
Domian: Nein! Kein Aber!! Du musst diese Sache jetzt durchziehen. Sonst bist du zeitlebens ein Sklave deiner Mutter, Markus.
Markus: Vielleicht kann ich auch nicht damit leben, dass meine Mutter sauer auf mich ist.
Domian: Ich werde wahnsinnig. Dann zwinge dich, damit zu leben.
Markus: Ja, aber ...
Domian: *(wieder ruhiger)* Wenn du Sklave deiner Mutter sein willst und immer alles machen willst, dann mache es und jammere hier nicht rum. Dann sei ein Mamasöhnchen bis zu deinem Ende.
Markus: Ich will aber kein Mamasöhnchen sein ...
Domian: Bist du aber! Wenn du so redest.
Markus: Nein ...
Domian: Doch. Jetzt bist du am Zug. Willst du deine Freundin opfern?
Markus: Nein, um Gottes Willen. Den Fehler habe ich schon einmal gemacht.
Domian: Ja, eben. Beschreibe doch mal die Gefühle zu deiner Freundin.
Markus: Ich habe sie vor einem halben Jahr kennen gelernt. Sie ist meine zweite große Liebe. Es ist auch eine Frau, mit der ich mir vorstellen kann, Kinder in die Welt zu setzen. Weil sie irgendwie das Gegenteil von meiner Mutter ist. Ich muss mir nicht alles hinterhertragen lassen. Sie erzieht mich zur Eigenverantwortung.

Domian: Hat deine Mutter auch generell etwas gegen diese Frau?
Markus: Die ein oder andere Andeutung gab es, dass sich meine Freundin zu sehr in mein Leben einmischt.
Domian: Das haben Freundinnen so an sich.
Markus: Meine Freundin hat gesagt, ich müsste eigenständiger werden. Und das sehe ich ja auch ein. Das ist ja auch richtig so.
Domian: Wir müssen zum Ende kommen. Du hörst die Musik, die Sendung ist gleich vorbei. Aber du kapierst, in welchem Dilemma du steckst? Du riskierst im Moment, dass du diese neue Liebe wieder verlierst. Wegen deiner Mutter! – So, und um da rauszukommen, gibt es nur einen Weg. Mehr kann ich dir nicht sagen.
Markus: Ja, ich weiß.
Domian: Dann tu es. Viel Glück und Erfolg. *(holt tief Luft)* Mensch, da kann man ja verrückt werden. Ehrlich gesagt bin ich skeptisch, ob er den Absprung schafft. – So, das war's für heute. Morgen sehen und hören wir uns wieder: 1 Uhr, Radio *EinsLive* und *WDR*-Fernsehen. Ich wünsche euch eine schöne Nacht und schlaft gut. Bye-Bye.

Lilo Wanders (Starmoderatorin/Wa(h)re Liebe) über Domian:  In diesen sich schnell wandelnden Zeiten, in denen man Schritt halten muss, lernen muss, sich anpassen muss, gibt es gleichzeitig eine Sehnsucht nach Beständigkeit. Einer, der für eine solche Kontinuität steht – wie für die Generation unserer Eltern vielleicht Robert Lembke oder Hans-Joachim Kulenkampff – im (noch) wichtigsten Kommunikationsmittel unserer Tage, dem Fernsehen, ist Jürgen Domian.

Darüber hinaus hat er den Stellenwert des Beichtvaters und des Anwalts unserer Sorgen und Belange eingenommen und befriedigt außerdem noch unseren Voyeurismus. Was will man mehr? So eine Person hätte sich der cleverste Medienmanager nicht ausdenken können.

Ich weiß aus meiner eigenen Fernsehtätigkeit, wie man von den Zuschauern zum Teil vereinnahmt wird; kein Wunder, tauchen wir doch regelmäßig wie ein Familienmitglied in der Wohnstube oder im Schlafzimmer auf. Um so mehr bewundere ich, wie Domian eine gleich bleibende Qualität der Interessiertheit zeigt, gelassen mit den abstrusesten Themen umgeht und freundlich wie kompetent – manchmal auch energisch – Stellung bezieht, auf jeden Anruf eingeht.

Ich bin nicht immer seiner Meinung, würde vielleicht etwas weniger konkrete Ratschläge geben, sondern eher an Beratungsstellen verweisen, aber ich habe eine große Hochachtung vor der Person und der Institution Jürgen Domian und dem Team, das hinter ihm steht.

NACH DER SENDUNG

Domian: *Trotz Routine und trotz der 10.000 Gespräche, die ich mittlerweile schon geführt habe, komme ich um 2 Uhr mit einem Top-Adrenalinspiegel aus dem Studio. Mit den Kollegen dann noch zusammenzusitzen und die Sendung detailliert durchzusprechen ist enorm wichtig. Die Nachbesprechung gehört quasi mit zur Sendung. Ich will Meinung und Urteil meiner Leute hören – und selbst kann ich erzählen, wie es mir während der Sendung ergangen ist.*

02:00 Uhr Die Sendung ist vorbei. Bei EinsLive laufen die Nachrichten und im Fernsehen die Wiederholungen der Lokalprogramme. Jürgen räumt die Studiorequisiten in den Schrank, schaltet das Licht aus und verlässt das Studio. Sichtlich zufrieden. »Gute Sendung«, sind seine ersten Worte.
Wir setzen uns mit dem Team in eine Runde und gehen die Gespräche nochmals durch. Wo lagen die Rechercheure mit ihren Einschätzungen falsch? Haben wir in der Regie, bei der Auswahl der Geschichten einen Fehler gemacht? Hat Jürgen wichtige Fragen vergessen? Und auch Elke Donaiski gibt uns Rückmeldung, was sie mit Bernd und Claudia besprochen hat.

Bei den drei Rechercheuren haben sich viele Anrufer zu Reinhard geäußert. »Die meisten fanden das völlig okay«, sagt Marc Sommer. »Wenn Reinhard seine Trauer so besser verarbeiten kann, dann soll er das ruhig machen.« –
»Na ja, bei mir war es eher umgekehrt«, erzählt Anja Schönhardt. »Einer meinte sogar, das sei krank und pietätlos. Und du, Jürgen, solltest auch kein Verständnis dafür zeigen.«
Jürgen nickt. »Hab ich mir gedacht, dass viele das so sehen. Ich war ja anfangs auch ziemlich skeptisch.«

Nach der Sendung werden alle Gespräche analysiert

Wenn wir während der Sendung viele Rückmeldungen zu einzelnen Gesprächen bekommen, ist das ein gutes Zeichen. Das heißt, dass eine Geschichte und Jürgens Reaktion darauf unser Publikum emotional sehr bewegt, zum Nachdenken angeregt oder, wie im Fall Reinhard, polarisiert haben.

Den typischen DOMIAN-Zuschauer bzw. -Zuhörer gibt es wohl nicht. Menschen aus völlig verschiedenen gesellschaftlichen Bereichen kennen und verfolgen unsere Sendung. Das merkt man an den Anrufern und an der Zuschauerpost. An uns wenden sich Obdachlose und Millionäre, Ärzte und Sozialhilfeempfänger, Glückskinder und Pechvögel. Immer wieder staunen wir auch, in welch entlegenen Ecken der Welt Menschen unsere Sendung hören und sehen.
Im Dezember 1999 zum Beispiel meldete sich Uli, 32, bei uns. Er rief aus Tokio an. Über Internet kann er dort unsere Sendung empfangen. Bei ihm ist es dann gerade Vormittag, er sitzt im Büro, arbeitet und hört dabei DOMIAN. Irgendwo in einem Wolkenkratzer mitten in Tokio. Am anderen Ende der Welt.
Nicht ganz so weit weg wohnt Heinrich, 74. Im Februar 1998 rief er uns aus Schweden an, zum Thema »Sex im Alter«. Er und seine Frau Hilde, so erzählte er, sind seit 38 Jahren verheiratet und haben immer noch viel Spaß am Sex. Sie schlafen etwa 20-mal im Monat miteinander, denn Sex ist für beide ein wesentlicher Bestandteil ihres Lebens. Heinrich und Hilde sind

Heinrich und seine Hilde in Schweden

vor Jahren nach Dalsland ausgewandert. Und dort sehen sie unsere Sendung fast jede Nacht. Das Ehepaar stammt aus Hannover. Seit der frühere Wirtschaftsberater Heinrich in Pension gegangen ist, verbringen sie die meiste Zeit des Jahres in Schweden. In einer Blockhütte, direkt an einem großen See. Bis zum nächsten Ort sind es 25 Kilometer. Oben auf dem Dach der Hütte ist eine Satellitenschüssel angebracht. Der Fernseher steht im Wohnzimmer.

Heinrich: »Im Winter sehen wir DOMIAN jede Nacht. Im Sommer sind wir oft zu erschöpft und schlafen vorher ein. Eine vergleichbare Fernseh- oder Radiosendung gibt es in Schweden nicht. Ich fin-

Walter Bockmayer (Kultregisseur) über Domian:
DOMIAN ist meine Droge, ich höre fast alle Sendungen, bis auf die mit dem Bildtelefon. Warum? Diese Sendung lebt von der Anonymität der Anrufer und dem Einfühlungsvermögen von Domian. Sie bedient den Voyeurismus in uns allen. Gleichzeitig ist sie das Spiegelbild der Deutschen, man erfährt mehr über seine Mitmenschen als in jeder Talkshow. Ich hoffe, DOMIAN wird uns noch lange erhalten bleiben. Auf dass die Themen niemals ausgehen, lieber Jürgen.

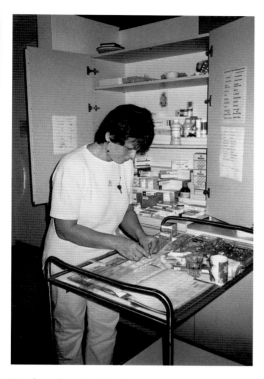

Krankenschwester Birgit

de es faszinierend, dass bei DOMIAN so viele Tabuthemen zur Sprache kommen. Und zwar in einer Offenheit und Direktheit, die eigentlich für unsere Medienwelt sehr ungewöhnlich sind. Vor allem, wenn es um sexuelle Vorlieben geht. Besonders in Erinnerung geblieben ist mir das lustige Gespräch zwischen Jürgen und einer alten Dame, die erzählte, dass sie sich am Telefon verwählt hatte. Eigentlich wollte sie die Telefonseelsorge anrufen, ist aber dann versehentlich auf einer Sex-Hotline gelandet. Das hat ihr so gut gefallen, seitdem ist sie dort Stammgast.«

Jürgen und ich sind nicht alleine mit unseren extremen Leben; denn viele Menschen arbeiten nachts: Krankenschwestern, Polizisten und Taxifahrer zum Beispiel. Wenn Jürgen seine berühmten Anfangsworte spricht: »Hallo, ihr Lieben. Willkommen bei DOMIAN, willkommen beim *EinsLive*-Talkradio«, dann läuft auch in der kleinen gemütlichen Sitzecke in einer Reha-Klinik in Essen-Kettwig der Fernseher. Die Patienten schlafen um diese Zeit. Nur Birgit ist wach. Die 39-Jährige ist Krankenschwester und schiebt seit 13 Jahren Nachtdienst, jeweils zwei Wochen im Monat. Ihre Arbeit beginnt um 19.30 Uhr und endet morgens um 6.30 Uhr.

Gegen Mitternacht, wenn die Patienten alle im Bett sind, wird es auf den Fluren schlagartig still. Von der Decke glimmt eine schwache Notbeleuchtung. Um 1 Uhr beginnt die Sendung. Birgit macht es sich in der Patienten-Sitzecke vor dem Fernseher bequem. In letzter Zeit gesellt sich oft noch ein älterer Patient dazu. Birgit: »Ich hoffe inständig, dass keiner die Nachtglocke betätigt, während ich DOMIAN gucke. Dann müsste ich sofort nach dem Rechten sehen. Vor drei Jahren habe ich DOMIAN mal zufällig im Radio gehört, während meiner Nachtschicht. Irgendwann habe ich mitgekriegt, dass die Sendung zeitgleich auch im Fernsehen läuft. Seitdem gucke ich zu, so oft es die Arbeit zulässt. Ich finde es spannend zu erfahren, wie andere Leute mit ihren Handicaps und Schicksalen umgehen. Domian strahlt einerseits eine unglaubliche Ruhe aus, sagt aber andererseits auch ungeniert und sehr direkt seine Meinung. Das gefällt mir. Ich habe das Gefühl, dass die Anrufer bei ihm sehr viel besser aufgehoben sind als die Gäste in manch anderer täglichen Talkshow.«

Für André ist DOMIAN neben Harald Schmidt das einzige Highlight am späten Fernsehabend. Der 29-Jährige ist Polizist in Köln. Er verfolgt die Sendung schon seit ihrem Bestehen. Zu Hause guckt er sie im WDR-Fernsehen. Während seiner Nachtschicht dagegen hat André immer sein kleines Transistorradio im Streifenwagen dabei. Es steht auf dem Armaturenbrett.

André: »DOMIAN hören entspannt. Wenn ich nachts zwischen 1 und 2 Uhr mit einem Kollegen Streife fahre, dann läuft *EinsLive*. Willkommener Gesprächsstoff im Nachtdienst. Oft unterhalten wir uns im Auto oder nachher auf der Wache über einzelne Anrufer: ›Hast du den eben gehört? Der ernährt sich seit fünf Jahren nur noch von Pralinen?‹.«

Polizist André in seinem Streifenwagen

Guildo Horn (Schlagerstar) über Domian:
Domian, du ständiger Gast in meiner Behausung. Du, mein treuer Beifahrer, selbst in kalten Wintertagen, wenn ich mich vom Konzert gen Heimat bewege. – »Domian« hört sich eigentlich seltsam, fast unhöflich an. Also, ich jedenfalls mag's nicht, wenn man mich nur mit dem Familiennamen ruft. »Horn!« Wenn, dann bitte sehr mit dem dazugehörigen Titel. Also »Herr« oder »Dr.« oder noch schöner mit einem »Sehr geehrter ...«. O. K., auf dem Fußballplatz mach ich schon 'ne Ausnahme.
Bei dir ist das alles anders. Das »Domian« kommt einem achtungsvoll mit Bewunderung und Zuneigung über die Lippen. Soweit ich weiß, ist deine Sendung auch die einzige Talkshow im Fernsehn, wo nur eine Person zu sehen ist. – Ne, warte mal. Da gibt's doch noch Frau Dr. Lämmle, bei der man erst nach 10 Minuten merkt, dass man nicht bei Loriot gelandet ist. Sorry, Frau Lämmle, aber ich finde, das Leben ist anderswo. Domian, du bist kein studierter Psych ... oder Päda ... oder Thera.... Aber es ist nicht besonders wichtig, was man für eine Ausbildung hat. Menschen zuhören und ernst nehmen kann man einfach nicht studieren. Ich schau ja ab und an wirklich 'ne ganze Menge fern. Wenn ich dann irgendwelche Talkshows erwische, bleibt mir am Schluss immer so ein fader Nachgeschmack übrig. Man hat das Gefühl, da passiert etwas mit und über die Gäste, was diese selbst überhaupt nicht abschätzen können. Ich bin mir sicher, die meisten Leute schauen deine (oder eure Sendung. Ich glaube, du verstehst dich auch als Teamarbeiter), weil sie hier, egal mit welchem Anliegen sie auch kommen mögen, erhobenen Hauptes den Sendeplatz verlassen. Wenn man Menschen ernst nimmt, dann darf man auch mal sagen: »... für mich bist du ein richtiges Arschloch!« Auch dafür mögen wir dich. Ich ende einfach mit den Worten, die du jeden Abend in deiner Sendung von den Anrufern zu hören bekommst.
Viel Erfolg noch mit deiner Sendung und mach bitte so weiter.

Georg Uecker (Künstler und Schauspieler) über Domian: Der Mann hat Nerven. Nacht für Nacht taucht er in die Abgründe deutscher Seelen hinab. Spricht mit den Durchgeknallten, den Einsamen und den Pfiffigen. Da ich selber meistens sehr spät schlafen gehe, bin ich selber erst zum Domian-Zuschauer, dann zum Domian-Fan geworden. Wobei ich die Sendung am liebsten im Fernsehen verfolge, um Domians Mimik zwischen Überraschung und Ablehnung, Zweifel und Neugier zu verfolgwn. Eigentlich ist dieses Format ja ein völlig hybrides Ding: Nur eine Kamera, aber unendlich viele Geschichten, Rimming und Raucherkrebs, Einsamkeit und Ejakulationsprobleme – wo sonst kann man einen Menschen beim Zuhören beobachten? Domians Gesicht wird zur Projektionsfläche des Erzählten. Er arbeitet ohne doppelten Boden, ohne Vorwarnung, ohne Schnitt. Ich finde es erstaunlich, mit welcher Ernsthaftigkeit und Direktheit er das Erzählte aufnimmt und hinterfragt – ohne sich in den zeitgenössischen Zynismus zu retten. Ich glaube, er liebt die Menschen und nimmt sie deshalb beim Wort. Was ihn sehr leicht angreifbar macht. Natürlich bin ich nicht immer einverstanden mit dem, was er sagt, aber genau das macht die Qualität der Sendung aus: Domian lässt sein Leben nicht außen vor und gibt seine Subjektivität nicht beim Pförtner ab. Wer einmal amerikanisches Talk-Radio gehört hat, weiß es aber auch zu schätzen, dass Domians Subjektivität zwar eine permanente Konstante der Sendung ist, aber die Anrufer nicht überrollt und in die Ecke drängt. Als ich für eine Nacht vom Domian-Fan zum Domian-Gast wurde, durfte ich hautnah erleben, welche mentale Konzentration diese Sendung verlangt, obwohl wir ja zu zweit im Studio waren und mir die ganz herben Geschichten erspart blieben (wenn man mal von einer Einladung zum Gangbang absieht). Ein Anrufer wird durchgestellt, und man hat nicht die leiseste Ahnung, was auf einen zukommt ... Domian ist sich seiner Verantwortung bewusst. Selbst da, wo ein Gespräch abzurutschen oder zu scheitern droht, gibt er seinen Anspruch nicht auf. Und wo ich als Zuschauer schon über die Twin-Peaks-artige Absurdität kleinbürgerlicher Obsessionen schmunzeln muss, bleibt er ernst. Dass er seinen jungenhaften Charme und seine Neugier nach all diesen Anrufen noch nicht verloren hat, spricht für ihn.

Man muss sich natürlich auf die Gespräche konzentrieren. Da kann man ja nicht nur mit einem Ohr hinhören. Und wenn uns plötzlich ein Einsatz dazwischenkommt ... Pech gehabt. Dann muss ich das Radio ausstellen und meine Arbeit machen.
Als Polizeibeamter unterliege ich dem so genannten Strafverfolgungszwang. Das heißt, wenn ich höre, dass bei DOMIAN jemand von einer begangenen Straftat erzählt, dann muss ich das sofort an meine Dienststelle weiterleiten. Die oder eine andere Behörde muss den Anrufer dann identifizieren und der Sache nachgehen. Deswegen verstehe ich nicht, dass immer wieder Kriminelle in der Sendung anrufen. Vielleicht wählen sie aber auch bewusst diesen Weg, weil ihnen zu einer Selbstanzeige bei der Polizei der Mut fehlt. Ich finde, Jürgen Domian ist eine sehr vertrauenserweckende Person. Er ist souverän, veralbert keinen. Ich könnte mir durchaus vorstellen, auch mal in der Sendung anzurufen.«
Jürgen ist für seine Anrufer nicht nur Ratgeber, Beichtvater oder Seelentröster. Er ist auch Namensgeber.
Christiane hat ihren Sohn tatsächlich auf den Vornamen »Domian« getauft. Der Kleine ist heute fast drei Jahre alt.

Günter Lamprecht (Schauspieler) über Domian:
Anfang der Achziger Jahre wurde ich zu einer Talkshow in ein Café in der Kölner Südstadt gebeten. Ein junger Mann, der über eine wunderbare Neugierde verfügte, interviewte mich dort sehr respektvoll, hochsensibel und bestens informiert. Das war Jürgen Domian ganz am Anfang seines Weges.
Heute ist DOMIAN ein Begriff, eine Instanz für viele Hilfesuchende in der Nacht geworden. Wenn meine Nächte schlaflos sind, schalte ich oft seine Sendung ein. Er ist überzeugend, der junge Mann von damals aus der Südstadt, dem ich da Rede und Antwort stand. Toi, toi, toi.

Die Mutter ist jetzt Hausfrau und hat vorher als Sekretärin bei einer Spedition gearbeitet.

Christiane: »Ich gucke mir die Sendung schon seit Jahren gerne an und finde einfach: Domian ist ein sehr sympathischer und harmonischer Name. Er passt zum Menschen Jürgen Domian. Mein Mann fand die Idee, unseren Sohn nach ihm zu benennen, übrigens auch lustig. Er kennt die Sendung zwar nicht so gut – war aber einverstanden. Allerdings hat der Kleine rein optisch keine Ähnlichkeit mit Jürgen Domian. Er kann aber immerhin schon sagen: ›Ich heiße Domian‹, hat aber wohl noch nicht verstanden, woher sein Name kommt. Obwohl ich es ihm oft erklärt habe. Domian hat DOMIAN auch noch nie im Fernsehen gesehen. Das lasse ich ihn mit drei Jahren noch nicht gucken. Aber vielleicht gibt es die Sendung ja noch ein paar Jahre.«

»Aha, stimmt also«, stellte Taxifahrer Ralph fest, als Jürgen sich auf die Rückbank des Wagens setzte. »Habe ich gelesen. Sie steigen ja nicht gerne vorne ins Taxi ein.« Jürgen war verdutzt. Da hatte doch jemand ganz aufmerksam sein Buch »Jenseits der Scham« gelesen. Darin hatte Jürgen beiläufig erwähnt, dass er nicht gerne neben, sondern lieber hinter dem Chauffeur Platz nimmt, weil einige Taxifahrer Mundgeruch haben.

Ralph und sein Taxi

Domian: *Das finde ich total unangenehm. Auf dem Rücksitz ist man immerhin ein bisschen geschützter. Aber bei Ralph hatte ich mir zu Unrecht Sorgen gemacht.*

Ralph ist nicht nur ein sehr aufmerksamer Leser, sondern auch ein äußerst treuer Hörer unserer Sendung. Ein- bis zweimal pro Woche fährt der 29-Jährige in Köln Taxi, um sich sein Maschinenbaustudium zu finanzieren. Er übernimmt ausschließlich Nachtschichten.
Ralph: »Nachts fahre ich am liebsten. Dann sind die Straßen leer und es ist schön ruhig. Nicht so stressig wie zur Hauptverkehrszeit. DOMIAN läuft immer im Autoradio, wenn ich unterwegs bin. Oft fahre ich auch einen Halteplatz an, mache den Motor aus und höre ganz in Ruhe zu. Wenn ein Gast einsteigt, kann man sich ja nicht mehr so gut auf die Gespräche konzentrieren. Außerdem ist das ja nicht jedermanns Sache. Dann schalte ich im Radio mal kurz auf Musik um. Themensendungen mag ich lieber als die freien Sendungen. Vor allem berühren mich schwere Schicksale anderer Menschen, zum Beispiel Unfälle und Krankheiten. Das ist häufig so erschütternd, dass einem erst dann bewusst wird: ›Mann, eigentlich geht es dir doch unheimlich gut!‹ Selbst anrufen würde ich bei DOMIAN aber nicht. Kann ja sein, dass meine Kollegen mich an der Stimme erkennen. Das könnte peinlich werden ...«

02:52 Uhr Die grelle Neonbeleuchtung ist wieder aus. Das Sendezentrum wird nur noch spärlich von einigen Schreibtischlampen erleuchtet. Unser Team ist inzwischen gegangen, Jürgen und ich sind alleine.
»Siehst müde aus«, sagt Jürgen und setzt sich seine Norweger-Mütze auf.

Nikolaus Brender (ZDF-Chefredakteur) über Domian:
Domian ist kein Mann für Televampire. Deswegen überlebt er mit seiner Sendung alle Talkmoden. Auch nach langer Zeit auf Nachtschicht bleibt er hellwach und sensibel. Das Wichtigste: Er hat das Vertrauen seiner Gesprächspartner nie missbraucht.

»Ich weiß, war einfach zu wenig Schlaf letzte Nacht.« Jürgen hält mir die Tür auf, und irgendwie hoffe ich, dass die Ränder unter meinen Augen nicht allzu dick sind.
»Ich probier heute mal so ein pflanzliches Schlafmittel aus. Vielleicht hilft's ja«, mache mir aber eigentlich keine großen Hoffnungen.
»Was ist denn das für'n Mittel?«, fragt Jürgen, während wir die Treppen hinuntergehen.
»Ach, keine Ahnung. Irgend so etwas mit Baldrian, Hopfen und Johanniskraut.«
»Ich drück dir die Daumen«, erwidert Jürgen, und ich weiß ganz genau, dass er eher skeptisch ist. Zu viel haben wir schon ausprobiert, auch pflanzliche Präparate. Und erst recht »Heiße Milch mit Honig«!
Da könnte man manchmal wahnsinnig werden, wenn Freunde oder Verwandte, die von unserem Problem nun wirklich überhaupt keine Ahnung haben, mit solchen Hausmittelchen ankommen!
»Na ja, ich drück dir auch die Daumen. Schlaf gut!« Die Nacht ist sternenklar, Jürgen steigt ins Taxi.

Ich setze mich in mein Auto und fahre los. Irgendwie hat es etwas Majestätisches, etwas Erhabenes, um diese Zeit hellwach zu sein, finde ich. Während alle anderen tief und fest schlafen. Nur hinter ganz wenigen Fenstern brennt noch Licht. Wer ist aus welchem Grund so spät noch auf? Oder schon wieder auf? Dann auf die Autobahn. So gut wie kein Verkehr. Hier bin ich zum ersten Mal wieder alleine, seit die Sendung vorbei ist. Es ist ein Moment der absoluten Ruhe, in dem man ein wenig in sich gehen kann. Wahrscheinlich schießen auch Jürgen heute Abend ähnliche Gedanken durch den Kopf wie mir. Man nimmt natürlich eine ganze Menge von der Sendung mit nach Hause. So muss ich die ganze Zeit an Claudia denken, deren Kind aus dem Bus gefallen ist. Immer wieder versuche ich, mir

Hans Dieter Hüsch (Kabarettist) über Domian: Wie gut, dass es Jürgen Domian gibt. Er ist der praktische Humanist. Er engagiert sich für die kleinste Minderheit. Er ist ohne jedes Vorurteil. Seine Tugenden wie Großzügigkeit, Geduld, Freundlichkeit und seine radikale Liebe zur Kreatur sind für uns alle eine große Hilfe. Wir können fragen, heikle Dinge fragen; und wir bekommen Antwort. Danke, Jürgen Domian! Wir brauchen Sie.

Jürgen auf dem Rücksitz des Taxis. Nachts sind die Straßen wie leer gefegt

vorzustellen, was sie gerade alles durchmacht. Es muss so schrecklich sein. Ich habe auch einen kleinen Sohn, Joshua, drei Jahre alt. Ich muss schlucken.
In der Sendung erleben wir so viel Entsetzliches, Tragisches und Dramatisches. Und trotz mehr als 10.000 Gesprächen hören wir immer wieder neue Schicksale, die bei uns tiefe Bestürzung auslösen. Ich erinnere mich an eine schwer kranke junge Frau, die bei uns anrief, mit dem sicheren Tod vor Augen. Bis ins Detail erzählte sie Jürgen, wie sie sich ihre Beerdigung vorstellt, wie sie beigesetzt werden möchte, welche Musik dabei gespielt werden soll. Eine unglaublich bedrückende Situation. In der Regie herrschte absolute Stille. Regungslos starrten wir auf den Kontrollbildschirm. Jürgen war den Tränen nahe. Es ist so enorm wichtig, dass sich bei unserer Arbeit keine Routine einschleicht. Wenn wir uns im Laufe der Jahre ein dickes Fell zugelegt hätten, wären wir die falschen Leute an diesem Platz.

Domian: *Manche Geschichten beschäftigen Wolfram und mich noch mehrere Tage nach der Sendung. Wir unterhalten uns häufig darüber. So ist es für uns beide einfacher, schwere und traurige Gespräche zu verarbeiten. Zum Glück erreichen uns aber auch viele positive Anrufe: Lustiges, Skurriles, Aufmunterndes. Das verhindert, dass man mit der Zeit eine düstere Seele bekommt.*

Das wohl unglaublichste Beispiel für eine Mut machende Geschichte ereignete sich im Mai 1999. Petra, 40 Jahre, mehrfache Mutter, meldete sich bei Jürgen in der Sendung mit den Worten: »Domian, ich werde in ein paar Wochen kein Gesicht mehr haben.« Sie erzählte, sie habe einen großen inoperablen Tumor im Gesicht. Sie hatte bereits viele Untersuchungen und Therapien hinter sich. Aber die Ärzte, denen sie auch voll vertraute, konnten ihr keine Hoffnung mehr machen. Es sei eine aufwendige Gesichtsoperation notwendig, wodurch Petra den größten Teil ihres Gesichts verlieren würde. Jürgen war hilflos. In einem solchen Fall sind tröstende Worte fast unmöglich. Das Gespräch endete sehr traurig.
Auf Petras Anruf hin bekamen wir ein Fax von einer Zuschauerin. Sie nannte darin den Namen eines Spezialisten für Gesichtstumore an der Uniklinik Essen. Vielleicht könne er Petra noch helfen. Jürgen und ich haben das Fax an sie weitergeleitet. Obwohl wir uns nicht viel davon erhofften. Schließlich hatte Petra ja schon so viel versucht.
Und dann passierte das Unglaubliche: Drei Monate später meldete Petra sich wieder bei uns. Sie erzählte, dass sie vor der bevorstehenden Operation in letzter Sekunde noch einen Termin mit dem Essener Spezialisten ausgemacht habe. Und der diagnostizierte, dass es sich um einen gutartigen Tumor handele, den man nicht zu operieren brauche. Petra konnte ihr Gesicht behalten. Wir konnten es nicht fassen. Was, wenn wir das Fax nicht weitergeleitet hätten? Wir haben es getan. Ein unvorstellbares Glück! Diese Geschichte beweist nicht nur, wie wichtig unsere Sendung sein kann, sie hat Jürgen, mir und dem ganzen Team eine Menge Mut und Motivation geliefert, unsere Arbeit noch lange weiter zu machen.

Jürgen ist wieder zu Hause. Er hängt die Jacke auf, legt seine Mütze beiseite und geht in die Küche. Der Weg führt am Faxgerät vorbei. Hella von Sinnen hat Jürgen während der Sendung ein Fax geschickt.

Dicker!
Du warst sehr
tapfer! Lass uns
morgen mal
telefonieren!
*✶ ☾) Schlaf schön
*

Elli + Co.

Ein nächtliches Fax der Stamm-Zuschauerinnen
Hella von Sinnen und Cornelia Scheel

NACH DER SENDUNG

Hella und ihre Freundin Cornelia Scheel sehen DOMIAN fast jede Nacht. Sie zählen zu seinen treuesten Zuschauern. Zum Einschlafen ist es noch zu früh. Jürgen ist hellwach. Im Wohnzimmer macht er es sich auf dem Sofa bequem, direkt unter dem großen Hirschgeweih. Jürgen Domian, der Jagd-Fan.

05:02 Uhr Es ist früh am Morgen. Im Fernsehen laufen die Wiederholungen einiger Nachmittag-Talkshows. Jürgen zappt eine Weile durch die Kanäle. Seine Einstellung zu den täglichen Talkshows ist zwiespältig.

Domian: *Es war gut, diese Sendungen im deutschen Fernsehen zu installieren. Sie haben zu Tabubrüchen beigetragen. Homosexualität zum Beispiel ist mittlerweile für die meisten etwas völlig Normales. Vor allem Menschen aus unteren gesellschaftlichen Schichten können sich in diesen Shows spiegeln. Die Intellektuellen haben zur Selbstreflexion ihren Therapeuten, einfache Leute haben das Fernsehen. Andererseits geht man in vielen dieser Shows nicht anständig mit den Gästen um. Die Leute werden vor und nach der Sendung nicht vernünftig oder gar nicht betreut. Echte Strategien zur Problembewältigung werden äußerst selten angeboten. Den meisten Produzenten geht es um pure Effekthascherei. Nur Hans Meiser muss man da ausnehmen. Bei dieser Talkshow habe ich ein gutes Gefühl.*

Wenn im Sommer längst wieder die Vögel zwitschern, endet Jürgens Tag. Es ist schon wieder hell, wenn er ins Bad geht, um sich noch ein letztes Mal die Zähne zu putzen. Von der Straße dringt allmählich der erste Autolärm bis nach oben. Die Stadt wacht auf, Jürgen geht ins Bett. Im Bad öffnet er das Döschen Melatonin und schluckt eine Viertelpille hinunter.
Es ist 6 Uhr früh. Viele Wecker klingeln, Frühaufsteher gehen zur Arbeit. Jürgen geht noch einmal in die Küche. Er gießt sich ein Glas Rotwein ein. Sein letztes Ritual vor dem Schlafengehen. Auf Radio *EinsLive* läuft seit einer Stunde die Frühsendung, im WDR-Fernsehen das »*Telekolleg Biologie*«. Jürgen wälzt sich auf seiner harten Federkern-Matratze hin und her. Und es wird nicht mehr lange dauern, bis die vier Dachdecker ihre Arbeit wieder aufnehmen werden. Dieser verdammte verschobene Schlafrhythmus! Aber so ist nun mal Jürgens Leben. Und das seit mehr als fünf Jahren. Und schließlich: Ohne seinen verqueren Tagesablauf gäbe es seine Telefon-Talkshow nicht und Jürgen wäre nicht »*Domian*«.

Renate Schmidt (ehem. Vizepräsidentin des Deutschen Bundestages) über Domian: *Zum Nachtfalken bin ich wegen Kurzsichtigkeit nicht geeignet, Nachtschwärmerin bin ich auch schon lange nicht mehr, aber lange Abende habe ich mehr, als mir lieb sind. Dann kommst du um 12.00/1.00 Uhr nach Hause, geschafft nach 18 Stunden »Schicht«, aber den Kopf noch voll von den Themen des Abends, schenkst dir ein Glas ein und beginnst ein bisschen zu zappen. Die letzte Tagesschau, wenn's gerade passt, n-tv, n 24 – nichts Neues, unsägliche Dauerwerbesendungen, grauenvoll inszeniert und noch schlechter synchronisiert, das bemitleidenswerte Stakkato der Aufforderungen, irgendwelche 0190-Nummern anzurufen, »Frauen gratis «... Dann das Nachtprogramm des WDR. Kein Bildergezappel mehr; da sitzt einer, scheinbar ganz ruhig und gelassen in einem dunklen Studio, freundlich lächelnd, mit ganz Fernsehuntypischem Hör- und Sprechgeschirr auf dem Kopf (das heißt »head set«, sagt mein Mann) und hört zu. Oder spricht. Und ich höre mit, was Anrufer und Anruferinnen zu sagen, zu fragen oder zu klagen haben. Banalitäten und große, ernste Probleme. Domian ist konzentrierte Aufmerksamkeit, er unterbricht selten, unaufgeregt fragt er nach, rät, verweist an andere Stellen. Er zensiert nicht, missioniert nicht, stellt seine Gesprächspartner nicht bloß, und wenn moralische Urteile ins Spiel kommen, teile ich sie, jedenfalls meistens. Da macht einer aus der Show keine Schau. Das beruhigt und entspannt; ich lasse Domian nach dem dritten oder fünften Gespräch mit seinen Anrufern alleine und lege mich schlafen. Um 6.00 Uhr, teilt uns der WDR im Internet mit, geht Domian ins Bett. Dann stehe ich meistens gerade auf.*

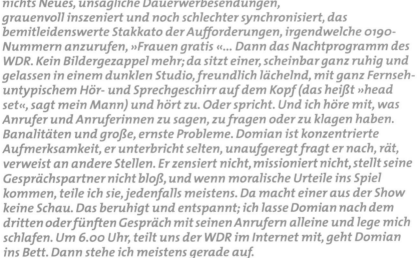

JÜRGENS FOTOALBUM

Weihnachtsgeschenke: mit 2 das erste Pferdchen, mit 11 die erste Schreibmaschine

Jürgen mit 14 in Gummersbach

ANHANG

Viele Menschen rufen uns an und erzählen von ihren Problemen, wollen aber gar nicht in aller Öffentlichkeit mit Jürgen darüber reden. Unsere Psychologen empfehlen dann regelmäßig, sich mit folgenden Stellen in Verbindung zu setzen:

Thema: Aids

Deutsche Aids-Hilfe
Dieffenbacherstr. 33
10967 Berlin
Tel.: 030/6900870

Thema: Selbsthilfegruppen

NAKOS (Nationale Kontakt- und Informationsstelle für Selbsthilfegruppen)
Albrecht-Achilles-Str. 65
10709 Berlin
Tel.: 030 / 8914019

Malteser-Telefon
Tel.: 0221/9822–222 oder -220

Thema: Telefonseelsorge

Evangelisch: Tel.: 0800/111 0 111
Katholisch: Tel.: 0800/111 0 222

Thema: Essstörungen

Aktionskreis Ess- und Magersucht Cinderella e. V.
Westendstraße 35
80339 München
Tel.: 089/5021212

Thema: Sexualität

Pro Familia
Stresemannstr. 3

60596 Frankfurt/M.
Tel.: 069/639002

Arbeitsgemeinschaft Humane Sexualität e. V.
Tel.: 0641/77347

Thema: Sexueller Missbrauch

Zartbitter e. V.
Kontaktstelle gegen sexuellen Missbrauch an Jungen und Mädchen
Stadtwaldgürtel 89
50935 Köln
Tel.: 0221/312055

Wildwasser e. V. Köln
Verein gegen sexuelle Gewalt an Mädchen und Frauen
Herwarthstr. 12
50672 Köln
Tel.: 0221/527740

Thema: Therapieplatz

Therapieinformationsdienst im Berufsverbund Deutscher Psychologen
Heilsbachstr. 22
52123 Bonn
Tel.: 0228/ 987310

Thema: Sucht

Verband deutscher Beratungsstellen für Suchtkranke /
Drogenabhängige e. V.
Karlstr. 40
79104 Freiburg/Breisgau
Tel.: 0761/200636 oder -69

Thema: Opfer von Gewalttaten

Weißer Ring
Tel.: 01803/343434

DAS DOMIAN-TEAM

1	Jürgen Domian		11	Jan Hölz
2	Wolfram Zbikowski		12	Mark Sommer
3	Axel Rottländer		13	Leo Scholten (Technik)
4	Nicolas Schelzig		14	Dirk Winhuisen
5	Peter Donaiski		15	Elke Büchter
6	Anja Schönhardt		16	Marko Rösseler
7	Sandra Anders		17	Peter Owsianowski
8	Elke Donaiski		18	Markus Liebetanz (Technik)
9	Roland Lohr		19	Nina Hellenkemper
10	Marion Fongern		20	Annette Böwering

Es fehlen: Petra Grützmann, Angela Koch, Ferdinand Nieß, Jürgen Clemens, Henning Kaiser, Tim Stinauer

Die Protokolle, Geschichten und Kommentare in diesem Buch sind von Autor und Verlag nach bestem Wissen und Gewissen sorgfältig erwogen. Autor und Verlag übernehmen keine Haftung für etwaige Schäden, die sich aus dem Gebrauch oder Missbrauch der in diesem Buch dargestellten Praktiken ergeben.

Die Deutsche Bibliothek – CIP-Einheitsaufnahme

Domian, Jürgen:
Domian / Wolfram Zbikowski. – Köln : vgs, 2000
ISBN 3-8025-1410-6

© vgs verlagsgesellschaft, Köln 2000
Alle Rechte, insbesondere das Recht zur Vervielfältigung und Verbreitung, vorbehalten. Kein Teil des Werks darf in irgendeiner Form (durch Fotokopie, Mikrofilm oder ein anderes Verfahren) ohne schriftliche Genehmigung des Verlages reproduziert oder unter Verwendung elektronischer Systeme verarbeitet, vervielfältigt oder verbreitet werden.

Bildnachweis:
S. 28: © Siegfried WALLAUER
S. 41: Foto RTL
S. 49: Foto und © Christel Becker – Rau/Dok Pro GmbH
S. 105: Foto Michael Reh
S. 108: Foto Joe Goertz
S. 111: © WDR/Sabrina Rothe
Alle übrigen: Cornelis Gollhardt, Köln/Stephan Wieland, Düsseldorf

Redaktion: Stefanie Koch
Produktion: Annette Hillig
Umschlaggestaltung: Sens, Köln
Umschlagfoto: Cornelis Gollhardt, Köln/Stephan Wieland, Düsseldorf
Layout: Hugo Grafische Formgebung
Satz: Greiner & Reichel, Köln
Litho: purpur, Köln
Druck: Neue Stalling, Oldenburg
Printed in Germany

Besuchen Sie uns unter: **www.vgs.de**

Bereits bei vgs erschienen:

In der bimedialen Form ist DOMIAN eine Ausnahme unter den zahlreichen öffentlich-rechtlichen und kommerziellen Quasselbuden.
DIE ZEIT, 12.1.1996

Es ist das Verdienst Jürgen Domians, eine Gemeinde gegründet zu haben, in der man sich darauf verlassen kann, daß jedes Problem, das kleine und das große, ernstgenommen wird.
FAZ, 3.1.1996

Jürgen Domian moderiert seit 1995 beim Westdeutschen Rundfunk (WDR-Fernsehen, Radio *EinsLive*) die Telefon-Talkshow DOMIAN. Mit über 7000 Menschen hat er bisher gesprochen: über Leben, Lieben, Tod, Sex, Krankheiten und geheime Sehnsüchte. Nach seinem erfolgreichen Debüt *Extreme Leben* legt er nun sein zweites Buch vor. Zum ersten Mal stellt sich der Zuhörer Domian selbst dem Gespräch. Charmant schamlos hat die Entertainerin und Komödiantin Hella von Sinnen mit ihren ehemaligen Schulkameraden und langjährigem Freund Jürgen Domian geplaudert. 14 teils erschütternde, teils brisante Gesprächsprotokolle aus seiner Sendung bilden den Rahmen zum wohl intimsten Interview seines Lebens. Herausgekommen ist ein sehr persönliches, frivoles, witziges und zugleich erschütterndes Buch. Lassen Sie sich überraschen!

»*Geheime Sexpraktiken, seltsame Macken, krankhafte Eifersucht ... Mit seiner (...) Sendung DOMIAN hat sich Jürgen Domian, Kultstatus erplaudert.*«
AMICA, Dezember 1999